5722 —— 27

Br Sur fielle

1895 — 1904

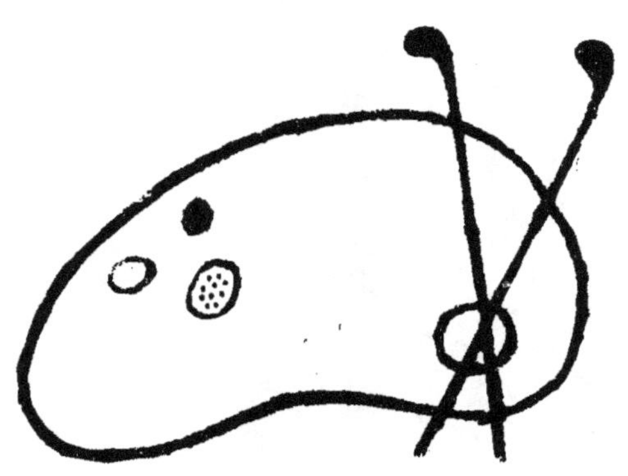

Début d'une série de documents
en couleur

1895, Janvier-Février. N° 1. Deuxième année.

REVUE GÉNÉRALE

DE

Droit International Public

DROIT DES GENS — HISTOIRE DIPLOMATIQUE
DROIT PÉNAL — DROIT FISCAL — DROIT ADMINISTRATIF

PUBLIÉE PAR

Antoine PILLET
PROFESSEUR DE DROIT INTERNATIONAL
A L'UNIVERSITÉ DE GRENOBLE

Paul FAUCHILLE
AVOCAT, DOCTEUR EN DROIT
LAURÉAT DE L'INSTITUT DE FRANCE

SOUS LE PATRONAGE DE MM.

E. CLUNET
Avocat à la Cour d'appel
de Paris.

A. DESJARDINS
Membre de l'Institut de France
Avocat général à la Cour de cassation,

L. FÉRAUD-GIRAUD
Président honoraire à la Cour de cassation de France.

T. FUNCK-BRENTANO
Professeur à l'École des sciences
politiques.

G. GRIOLET
Maître des requêtes honoraire
au Conseil d'Etat

H. LAMMASCH
Professeur à l'Université
de Vienne.

E. LEHR
Secrétaire général de l'Institut
de droit international

C. LYON-CAEN
Membre de l'Institut de France
Professeur à la Faculté de droit de Paris

F. DE MARTENS
Professeur à l'Université
de Saint-Pétersbourg.

P. PRADIER-FODÉRÉ
Conseiller à la Cour d'appel
de Lyon.

L. RENAULT
Professeur à la Faculté de droit
de Paris.

A. SOREL
Membre de l'Institut de France.
Prof. à l'École des sciences politiques

F. STOERK
Professeur à l'Université
de Greifswald.

A. VANDAL
Professeur à l'École des sciences
politiques.

SECRÉTAIRES DE LA RÉDACTION

F. GRIVAZ, Docteur en droit. | **J. THOMAS**, Docteur en droit.

EXTRAIT

Paul Fournier. — *La Constitution de Léon XIII*
sur les Eglises unies dOrient.

PARIS

A. PEDONE, Libraire-Editeur
13, rue Soufflot, 13.

A. ASHER et Cie
Berlin.

BELINFANTE Frères
La Haye.

GEROLD et Cie
Vienne.

A. ZINSERLING
St-Pétersbourg.

SOMMAIRE DU N° 1.

Pages

A. Djuvara. — La lutte des nationalités. Hongrois et Roumains 5

P. Fournier. — La Constitution de Léon XIII sur les églises unies d'Orient 83

J. Dubois. — La codification au Japon et la révision des traités 111

Chronique des faits internationaux. — *Cap de Bonne-Espérance* : Union postale universelle, adhésion (p. 118) ; *Chine et Japon* : Tentatives de négociations, mission Detring, conduite des belligérants au point de vue des règles commandées par l'humanité, situation de la Corée, réception des corps diplomatiques dans le Palais de l'Empereur de Chine, contrebande de guerre, cas du Chung-King, cas du Sidney, encore un mot sur le cas du Kowshing (p. 118) ; *Egypte* : Achat d'esclaves par des hauts fonctionnaires indigènes, poursuite des accusés devant un Conseil de guerre (p. 132) ; *France et Madagascar* : Traité du 17 décembre 1885, sa validité, ses dispositions, son application, mission de M. Le Myre de Vilers, le conflit (p. 140) ; *Pays-Bas et Vénézuéla* : Reprise des relations diplomatiques (p. 158) ; *Vénézuéla* : Convention de Genève, adhésion (p. 159) . . . 118

Bulletin bibliographique. — (Livres et publications périodiques). . . . 159

COLLECTION DE CODES ÉTRANGERS

VIENT DE PARAITRE : **TOME XII**

CODE DE COMMERCE ROUMAIN

promulgué le 16 avril 1887, mis en vigueur le 1er septembre 1887.

COMPARÉ AUX PRINCIPAUX CODES DE COMMERCE EUROPÉENS
PRÉCÉDÉ ET SUIVI D'ÉTUDES HISTORIQUES ET JURIDIQUES

Par Me JOAN BOHL

Docteur en droit, docteur en philosophie et lettres
Professeur de droit H. C. Avocat à la Cour d'Amsterdam.

1 vol. in-8. — Prix : **8 fr.** broché ; **10 fr.** relié.

RECUEIL DES TRAITÉS DE LA FRANCE

PUBLIÉ SOUS LES AUSPICES DU MINISTÈRE DES AFFAIRES ÉTRANGÈRES

par **M. de CLERCQ,** ancien ministre plénipotentiaire

PRIX : **293 FRANCS**

Tomes				Tomes			
Tomes	I. (1713-1802)			Tomes	XI. (1872-1876)........	15 fr.	»
—	II. (1803-1815)	Ne se vendent		—	XII. (1877-1880)........	18 fr.	»
—	III. (1816-1830)	qu'avec la		—	XIII. (1881-1882)........	15 fr.	»
—	IV. (1831-1842)	collection com-		—	XIV. (1883-1885)........	20 fr.	»
—	V. (1843-1849)	plète.		—	XV. (Suppl. aux T. 1 à 14),		
—	VI. (1850-1855)				(1713-1854),	25 fr.	»
—	VII. (1856-1859)........	12 fr. 50		—	XVI. Tables (1713-1883)..	25 fr.	»
—	VIII. (1860-1863)........	12 fr. 50		—	XVII. (1885-1887)........	25 fr.	»
—	IX. (1864-1867)........	12 fr. 60		—	XVIII. (1888-1890)........	25 fr.	»
—	X. (1867-1872)........	15 fr. »		—	XIX. (1891-1892) *s. presse.*	25 fr.	»

Les TOMES I à XVI (Tables comprises) seront adressés franco au prix de 125 fr. aux abonnés.

Imp. G. Saint-Aubin et Thevenot, Saint-Dizier, Haute-Marne, 15-17, Passage Verdeau, Paris.

LISTE DES ADHÉRENTS ET COLLABORATEURS

MM. les professeurs : Alcorta, de Buenos-Ayres ; — Arias, de Lima ; — Aubert, de Christiania ; — de Bar, de Gœttingue ; — Berney, de Lausanne ; — Blociszewski, à l'Académie orientale de Vienne ; — Brocher de la Fléchère, de Genève ; — Brusa, de Turin ; — de Bustamante, de la Havane ; — Buzatti, de Macerata ; — Carnazza Amari, de Catane ; — Catellani, de Padoue ; — Champeau, de Bogota ; — Contuzzi, de Naples ; — Dahn, de Breslau ; — Esperson, de Pavie ; — Fiore, de Naples ; — Fusinato, de Turin ; — Gareis, de Kœnigsberg ; — Gestoso y Acosta, de Valence ; — Grabar, de Dorpat ; — Grunhut, de Vienne ; — Harburger, de Münich ; — Heimburger, de Giessen ; — Hilty, de Berne ; — Iwanowski, d'Odessa ; — Kamarowski, de Moscou ; — Lammasch, de Vienne ; — Lentner, d'Innsbrück ; — de Martens, de St-Pétersbourg ; — de Martitz, de Tubingue ; — Milossavlievith, de Belgrade ; — Pélissié du Rausas, directeur de l'Ecole française de droit du Caire ; — Pierantoni, de Rome ; — Revon, de Tokio ; — Roguin, de Lausanne ; — Stoerk, de Greifswald ; — Streit, d'Athènes ; — Teichmann, de Bâle ; — Strisower, de Vienne ; — Torres-Campos, de Grenade ; — Ullmann, de Münich ; — Vogt, de Zurich.

MM. Bohm, docteur en droit, referendar à Francfort s/M. ; — Calvo, ministre de la République argentine à Berlin ; — Daneff, docteur en droit, avocat à Sofia ; — N. Droz, ancien président de la Confédération helvétique ; — Djuvara, ancien député au Parlement roumain ; — Gauvain, secrétaire général de la Commission européenne du Danube ; — Ghirganoff, avocat à Bucarest ; — Kaufmann, assesseur de justice à Berlin ; — Kiatibian, docteur en droit, avocat à Constantinople ; — Kleen, secrétaire de légation à Carlsruhe ; — Lehr, secrétaire gén. de l'Institut de droit intern., prof. hon. à Lausanne ; — Moynier, président du Comité intern. de la Croix-Rouge ; — Mulder, docteur en droit, à la Haye ; — de Olivart, avocat à Barcelone, anc. prof. à Madrid ; — Poinsard, secrétaire général des Bureaux internationaux de la propriété intellectuelle, à Berne ; — De Rolland, conseiller d'Etat à Monaco ; — Rostworowski, docteur en droit ; — Sarmisa Bilcesco (Mlle), docteur en droit, à Bucarest ; — Simonis, avocat à Luxembourg ; — Veillcovitch, docteur en droit, à Belgrade.

MM. les professeurs : Jay, Lainé, Leseur, Lyon-Caen (de l'Institut), Renault, Thaller, Weiss, de Paris ; — Balleydier, Capitant, Paul Fournier, Michoud, Tartari, de Grenoble ; — Audinet, Bry, Lacoste, d'Aix ; — Gérard, d'Alger ; — de Boeck, Despagnet, de Bordeaux ; — Biville, Cabouat, Marcel Fournier, de Caen ; — Bonnevlle, Deslandres, de Dijon ; — Jacquey, Wahl, de Lille ; — Bartin, Pic, Souchon, de Lyon ; — Chausse, Valéry, de Montpellier ; — Beauchet, Bourcart, Chrétien, Lombard, de Nancy ; — Prévost-Leygonie, Surville, de Poitiers ; — Aubry, Chauveau, Piédelièvre, de Rennes ; — Bonfils, Bressoles, Brissaud, Mérignhac, Rouard de Card, de Toulouse.

MM. Arnauné, Funck-Brentano, Rambaud, Schefer, Sorel, de l'Institut, Vandal, professeurs à l'Ecole libre des sciences politiques.

MM. Barrème, Gairal, Selosse, professeurs des Facultés libres de droit.

MM. Desjardins, de l'Institut, avocat général ; — Féraud-Giraud, conseiller ; — Lacointa, ancien avocat général à la Cour de cassation ; — Depeiges, substitut à la Cour de Riom ; — de Montluc, conseiller à la Cour de Douai ; — Pascaud, conseiller à la Cour de Chambéry ; — Pradier-Fodéré, conseiller à la Cour de Lyon ; — Prudhomme, substitut à Lille.

MM. Arnaud, auditeur ; — Griolet, maître des requêtes hon. au Conseil d'Etat.

MM. Delavaud, docteur en droit, secrétaire d'ambassade ; — Engelhardt, ministre plénipotentiaire ; — Farges, chef de bureau aux Archives ; Girard de Rialle, ministre plénipotentiaire, chef de la division des Archives ; — Liébert, attaché au ministère des affaires étrangères.

MM. Clunet, Ch. Constant, Daguin, avocats à la Cour de Paris ; — J. Dubois, secrétaire-adjoint du Comité de législation étrangère ; — Luyt, chef du contentieux de la Compagnie des chemins de fer du Midi, en retraite ; — Poutignac-Devillars, ancien négociant ; — Darras, Dupuis, Kebedgy, Paisant, Penet, Salomon, docteurs en droit ; — Offner, attaché au parquet général à Hanoï.

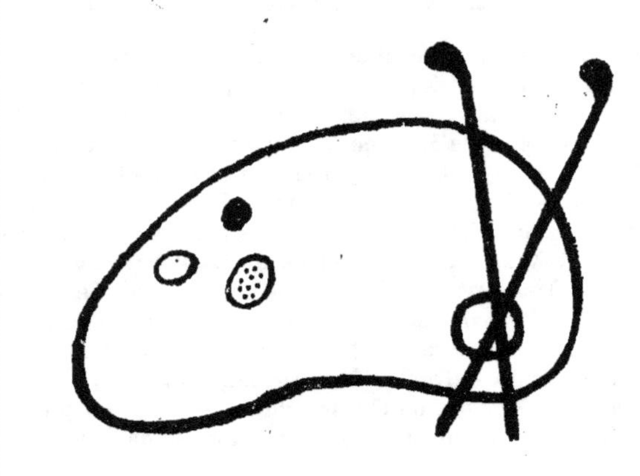

Fin d'une série de documents
en couleur

LA
CONSTITUTION DE LÉON XIII

SUR

LES ÉGLISES UNIES D'ORIENT [1]

Par **Paul FOURNIER**

La Constitution du Pape Léon XIII, *Orientalium dignitas ecclesiarum*, en date du 30 novembre 1894, mérite à plus d'un titre l'attention de quiconque s'intéresse aux destinées des Églises d'Orient et à la conduite tenue par la Papauté à l'égard de ces Églises. Ce n'est pas que cette Constitution concerne directement les Orientaux séparés de Rome : la dernière exhortation que le Saint-Père leur ait adressée est contenue dans la célèbre encyclique *Præclara* (2). Dans le présent document, le Pape s'occupe uniquement des Orientaux unis : il s'est proposé d'y résoudre les questions délicates que soulève la situation particulière des Patriarcats et d'y régler les rapports des divers rites avec le rite et les missionnaires latins. D'ailleurs, maintenir et fortifier l'autonomie des Orientaux unis, protéger cette autonomie contre certains envahissements provenant de l'esprit trop exclusif de quelques missionnaires latins, c'est travailler encore à la grande œuvre de la réunion des Églises séparées. En effet, l'union ne deviendra possible qu'au jour où les

---

(1) Bulle du Pape Léon XIII du 30 novembre 1894, sur les relations de l'Église romaine avec les Orientaux unis. J'ai consulté pour ce travail : Vering, *Lehrbuch des katholischen, orientalischen und protestantischen Kirchenrechts*, 3e édit., Fribourg en Brisgau, 1893, *passim* ; Silbernagl, *Die Verfassung und gegenwärtiger Bestand sämmtlicher Kirchen des Orients*, Landshut, 1865 ; Hergenrœther, *Die Rechtsverhältnisse der verschiedenen Riten innerhalb der Katholischen Kirche*, dans l'*Archiv für Katholisches Kirchenrecht*, t. VII et t. VIII (1862) ; Arndt, S. J., *Die gegenseitige Rechtsverhältnisse der Riten in der Katholischen Kirche*, dans l'*Archiv für Katholisches Kirchenrecht*, t. LXXI (1894), mémoire antérieur à la Constitution *Orientalium* ; divers articles de dom Gérard van Caloen, dans la *Revue bénédictine* de Maredsous (Belgique), publiés depuis 1891 ; Boudinhon, *La Constitution Orientalium*, dans le *Canoniste contemporain*, du 1er janvier 1895 ; R. P. Michel, *L'Orient et Rome*, Paris, 1894, in-8, auquel j'ai emprunté notamment quelques chiffres. Une source de la plus haute importance pour l'étude des rapports de Rome avec l'Orient est le *Bullaire de Benoît XIV*, Rome, 4 volumes in-fol., 1746 et années suivantes.

(2) Lettre aux Princes et aux Peuples de l'univers, du 20 juin 1894.

Orientaux schismatiques ou hérétiques auront acquis la conviction que la soumission au Saint-Siège est parfaitement conciliable avec la conservation des rites qu'ils ont reçus de leurs ancêtres et auxquels ils attachent justement la plus haute valeur.

Pour faciliter l'intelligence de la nouvelle Constitution pontificale, il a paru utile de dresser tout d'abord un tableau des chrétientés de rite oriental. On présentera ensuite un exposé des principes du droit antérieur sur les points où ce droit est touché par la Constitution. Enfin on résumera les dispositions de la Constitution *Orientalium*.

CHAPITRE Iᵉʳ. — LES CHRÉTIENTÉS DE RITE ORIENTAL.

Dans son encyclique *Allatæ sunt* (1), où il pose les principes directeurs de la conduite de l'Église romaine vis-à-vis des Orientaux, Benoît XIV reconnaît l'existence de quatre rites principaux : le grec, l'arménien, le syrien et le copte. Il convient de porter successivement notre attention sur chacun de ces rites. Sauf l'arménien, tous se divisent en un certain nombre de fractions dont chacune mérite d'être signalée à son tour.

Les Églises orientales unies étant composées de chrétiens qui, soit par eux-mêmes soit par leurs ancêtres, se sont détachés des Églises orientales schismatiques ou hérétiques, je ferai connaître ces Églises séparées avant de mentionner les branches qui s'en sont détachées pour revenir à l'union.

SECTION Iʳᵉ. — *Le rite grec.*

Le rite grec comprend, tant parmi les chrétiens unis que parmi les non unis, quatre fractions : 1° les Grecs purs ; 2° les Gréco-Melchites ; 3° les Gréco-Slaves ; 4° les Gréco-Roumains.

I. — Grecs purs.

A. *Grecs non unis.* — Les chrétiens non unis qui appartiennent à la catégorie des Grecs purs (c'est-à-dire de ceux qui, non seulement suivent le rite grec, mais usent du grec comme langue liturgique) sont les continuateurs de l'ancienne Église officielle de l'Empire byzantin, séparée de Rome par le schisme de Michel Cérulaire (1043-1059) et temporairement réunie à l'Église latine lors du Concile de Florence (1439) par des liens qui ne tardèrent pas à se briser. A part quelques émigrés, ces Grecs résident dans la Turquie d'Europe, l'Asie mineure et les îles : clergé et fidèles, au nombre d'environ 2 millions, placés sous la juridiction de nombreux métropolites et évêques, ont pour chef le patriarche de Cons-

____

(1) *Bullaire de Benoît* XIV, t. IV, p. 286 et suiv.

tantinople, dit œcuménique, qui, suivant l'usage oriental, est assisté d'un Synode, assemblée de dix ou douze métropolites dont il est le président. Le patriarche œcuménique n'exerce pas seulement le pouvoir spirituel sur les Grecs non unis de rite et de langue grecs ; il est encore, depuis la conquête ottomane, le chef temporel, reconnu par le gouvernement turc, de la nation grecque, c'est-à-dire de tous les chrétiens de rite grec, quelleque soit leur langue liturgique, qui résident dans les États du Sultan, sauf des Bulgares, qui depuis 1870 se sont soustraits à son autorité. C'est à ce dernier titre que le patriarche œcuménique tient sous sa suprématie les trois patriarches non unis (Melchites) d'Alexandrie, d'Antioche et de Jérusalem, dont il sera parlé plus loin.

Les Grecs de la Grèce propre obéissaient jadis à la juridiction du patriarche de Constantinople ; depuis la proclamation de l'indépendance du Royaume grec, ces chrétiens se sont détachés du Patriarcat pour se constituer en une Église autocéphale sous la conduite de dix évêques et la direction suprême d'un Saint-Synode. L'Église a reçu son statut du pouvoir civil en 1833 ; son indépendance est depuis 1850 reconnue par le patriarche œcuménique ; en 1864, les Grecs des îles Ioniennes s'y sont réunis, à la suite de l'annexion de ces îles à la Grèce. Elle compte environ 2 millions de fidèles.

B. *Grecs unis.* — Les Grecs unis se rattachent à diverses branches, suivant qu'ils habitent l'Orient ou l'Italie.

Les Grecs purs d'Orient qui sont unis à l'Église catholique sont très peu nombreux. Il y en a quelques centaines, répartis entre Constantinople, le village thrace de Malgara, Césarée de Cappadoce et la Grèce propre.

La branche des Gréco-Italiens est beaucoup plus importante. Elle doit son origine à des émigrés chrétiens, Albanais pour la plupart, qui au XVe siècle passèrent l'Adriatique pour chercher en Italie un refuge contre l'invasion musulmane. Les descendants de ces émigrés sont au nombre de 40.000 environ, établis surtout dans l'ancien Royaume de Naples et la Sicile ; il en existe une paroisse en Corse, à Cargèse. Ils ont conservé leur rite et le pratiquent sous la direction de leur clergé propre ; toutefois, ils sont placés sous la juridiction des évêques latins. En ce qui concerne les fonctions pontificales, notamment les ordinations, elles sont accomplies par trois évêques grecs, dépourvus de juridiction, qui résident dans les séminaires établis à Rome, à Palerme et en Calabre. La Constitution *Orientalium* de Léon XIII ne leur est pas directement applicable ; ils demeurent soumis à la Constitution *Etsi pastoralis* de Benoît XIV (1), qui a déterminé leur condition.

(1) *De dogmatibus et ritibus ab Italo-Græcis tenendis,* dans le *Bullaire de Benoît* XIV, t. I, p. 167 et suiv.

II. — Gréco-Melchites.

Les Gréco-Melchites sont des chrétiens qui se conforment à la liturgie grecque, mais qui emploient l'arabe à côté du grec comme langue liturgique. Leur nom de Melchites, qui signifie royaux, est un souvenir des événements qui suivirent en Orient le Concile de Chalcédoine (451) où furent condamnées les doctrines monophysites. L'Empereur Marcien ayant sanctionné cette condamnation, les monophysites donnèrent le nom de Melchites à tous les fidèles de l'Église grecque qui demeurèrent en communion avec l'Empereur et du même coup avec le siège de Rome. Ces Melchites ne se séparèrent définitivement de Rome qu'au XIᵉ siècle, lors du schisme de Michel Cérulaire. Depuis lors une fraction importante des Melchites est revenue à l'union, d'où il résulte qu'il y a actuellement des Melchites non unis et des Melchites unis.

A. *Melchites non unis.* — Les Melchites non unis vivent sous la juridiction des trois patriarches d'Antioche (celui-ci résidant à Damas), d'Alexandrie et de Jérusalem, indépendants au spirituel du patriarche œcuménique de Constantinople. D'après des évaluations récentes, leur nombre peut être estimé à environ 400.000 (1).

B. *Melchites unis.* — On peut dire que presque à toute époque il y eut parmi les Melchites des partisans de l'union. A l'époque même de Michel Cérulaire, le patriarche Pierre III d'Antioche demeurait en communion avec le Saint-Siège (2). Cette union, brisée ensuite, fut rétablie pour les Melchites comme pour les autres Orientaux au Concile de Florence (1439); mais bientôt, à Antioche comme ailleurs, l'œuvre du Concile fut détruite. A la fin du XVIIᵉ siècle, l'archevêque Euthyme de Tyr et Sidon, le patriarche d'Antioche Athanase et son successeur Cyrille tentèrent, mais en vain, de rentrer dans la communion du Saint-Siège: Rome jugea leur profession de foi insuffisante. Toutefois, vers cette époque, nombre de Melchites firent retour à l'union. En 1724, les partisans de l'union réussirent à élire un des leurs comme patriarche : l'élu sous le nom de Cyrille III fût confirmé par le Saint-Siège et plus tard reçut le pallium de Benoît XIV. Depuis lors, à côté du Patriarcat schismatique d'Antioche, il y eut un Patriarcat de Melchites unis qui s'est perpétué jusqu'à nos jours. Le successeur actuel de Cyrille III, Mgr Grégoire Yussef, qui occupe le siège patriarcal depuis 1865, porte en vertu de son élection le titre de patriarche d'Antioche pour les Grecs Melchites : en outre, en vertu d'une concession du Saint-Siège, il exerce la juridiction sur les catholiques de

(1) R. P. Michel, *L'Orient et Rome*, p. 28. — Ce chiffre est très supérieur à celui que donnait en 1865 M. Silbernagl.

(2) V. la lettre de Léon IX à ce patriarche (Migne, *Patrologie latine*, t. CXLIII, p. 769 et suiv.).

son rite qui subsistent dans les Patriarcats d'Alexandrie et de Jérusalem, par l'intermédiaire de deux vicaires généraux, résidant au Caire et à Jérusalem, qui sont investis du caractère épiscopal (on verra plus loin que la Constitution *Orientalium* a encore étendu ses pouvoirs). Le patriarche gouverne le diocèse de Damas, où est placée sa résidence officielle ; il a en outre sous sa dépendance onze diocèses (1) dont trois ont à leur tête des archevêques et huit des évêques, et une population catholique d'environ 120.000 âmes.

III. — Gréco-Slaves.

Quoique l'Église latine ait aussi bien que l'Église grecque contribué à évangéliser les Slaves, la portion la plus considérable des Slaves a adopté le rite grec, tout en se servant comme langue liturgique du slavon d'église, « forme ancienne des dialectes de la grande Slavie danubienne, avant que l'irruption des Hongrois l'eût brisée en morceaux en coupant les tribus slaves en peuples isolés » (2). Les Gréco-Slaves ont généralement suivi Byzance dans le schisme ; toutefois, depuis lors, d'importantes fractions de Slaves sont revenues à l'union. Non unis ou unis, tous se conforment encore au rite grec et usent du slavon comme langue liturgique.

A. *Gréco-Slaves non unis.* — Au premier rang des Églises grécoslaves non-unies se place l'Église russe. Soumise au patriarche œcuménique de Constantinople jusqu'en 1589, elle obtint à cette époque un patriarche dont le siège fut établi à Moscou. Pierre-le-Grand supprima le Patriarcat russe et plaça à la tête de l'Église le Saint-Synode ou Conseil supérieur ecclésiastique, composé d'évêques et de prêtres nommés par l'Empereur qui est représenté près du Synode par un haut procureur laïque. En fait, non en droit, l'Empereur est le chef de l'Église orthodoxe qui compte environ 70.000.000 de fidèles. L'Église russe s'est en quelque façon annexé la petite Église géorgienne du Caucase, qui garde une apparence d'indépendance en ce qu'elle a toujours à sa tête un exarque ; mais « l'exarque est Russe, et, dans sa cathédrale de Tiflis, l'office est comme en Russie célébré en slavon, non plus en géorgien, suivant l'antique tradition » (3).

Dès 1832, l'Église gréco-slave de Serbie avait obtenu une certaine autonomie du patriarche œcuménique de Constantinople auquel elle était

---

(1) Ces renseignements, comme les renseignements analogues sur la hiérarchie unie, sont empruntés à la *Gerarchia Cattolica* de l'année 1895, almanach publié à Rome.

(2) A. Leroy-Beaulieu, *L'Empire des Tsars et les Russes*, t. III, p. 85. Tout le tome III de cet ouvrage, à bon droit devenu classique, est consacré à la religion des peuples soumis au Tsar.

(3) A. Leroy-Beaulieu, *op. cit.*, t. III, p. 77 et 588.

soumise (1). La proclamation de l'indépendance de la Serbie ne fit que développer cette autonomie. En 1879, le Patriarcat de Constantinople finit par reconnaître l'Église serbe comme autocéphale, c'est-à-dire indépendante. Cette Église, qui est l'Église officielle du Royaume serbe, a pour premier dignitaire le métropolitain de Belgrade, de qui dépendent plusieurs évêques. Ce n'est pas le métropolitain, mais suivant l'usage oriental un Saint-Synode où siègent les évêques, qui a la direction supérieure de l'Église serbe, d'ailleurs soumise, comme toutes les Églises autocéphales, à la puissante influence de l'autorité civile. L'Église nationale serbe compte environ 1.900.000 fidèles.

En 1870, les Bulgares secouaient le joug du patriarche œcuménique de Constantinople et obtenaient de la Porte un firman les autorisant à constituer une Église autocéphale. Grand fut le mécontentement du patriarche œcuménique : il consentait bien, par la force même des choses, à reconnaître l'autonomie des Églises nationales ; mais les Bulgares n'étaient pas encore une nation indépendante. Cependant l'Église nouvelle se fonda sur les bases d'un statut délibéré en mai 1871 par une assemblée bulgare et approuvé le 13 juillet 1878 par le gouvernement ottoman : dès 1872 le haut clergé grec avait déclaré les Bulgares schismatiques et les avait frappés d'excommunication. L'érection de la Principauté de Bulgarie ne changea rien à cet état de choses. Si l'Église bulgare n'eut prétendu qu'à être l'Église autocéphale de la Principauté, le Patriarcat se fut sans doute résigné à la reconnaître, comme il avait reconnu l'Église de Serbie et celle de Grèce ; mais l'Église bulgare appelait à elle, avec les Bulgares de la Principauté, ceux des autres provinces de la Turquie d'Europe, et prétendait créer partout un établissement religieux en concurrence avec l'établissement grec. Aussi les anathèmes ne furent pas levés : on sait avec quel acharnement les Grecs s'opposèrent, vers 1885, à la constitution d'évêchés bulgares dans les villes macédoniennes d'Uskub, de Monastir et d'Ochrida ; de leur côté, les Bulgares furent énergiquement soutenus par la diplomatie russe, qui crut devoir prendre le parti des Slaves contre les Grecs. Le chef de l'Église bulgare est un exarque résidant à Constantinople, quoiqu'il porte le titre de Tirnovo : il continue de gouverner, non seulement les Bulgares des pays soumis au Sultan, mais ceux de la Principauté (2), malgré certaines velléités d'indépendance affichées en 1882 par le métropolitain de Sofia.

(1) Déjà, du XIVe au XVIIe siècle, l'Église serbe, malgré les anathèmes des Grecs dé Constantinople, avait joui de l'indépendance sous son chef particulier, le patriarche d'Ipek.

(2) Pour la Principauté de Bulgarie, le statut de l'Église officielle n'est pas celui de l'assemblée tenue à Constantinople en 1871. Le statut particulier de la Principauté a été approuvé seulement le 4 février 1883 par le Prince de Battenberg.

Le Monténégro, depuis la fin du XV⁰ siècle, fut une sorte de théocratie où les deux pouvoirs étaient confondus entre les mains du *Vladika* ou métropolitain. Ce régime prit fin en 1851 ; le dernier *Vladika* se fit reconnaître comme Prince héréditaire et, gardant pour lui le pouvoir séculier, abandonna le pouvoir spirituel à un métropolitain, chef de l'Église grecque autocéphale. Cette Église n'est naturellement pas soumise à l'autorité du patriarche de Constantinople ; si elle subit une influence, c'est celle qui vient de Saint-Pétersbourg.

Les Gréco-Slaves de Bosnie et d'Herzégovine dépendaient du patriarche œcuménique avant l'occupation de leur pays par les Autrichiens. Le 31 mars 1880 est intervenu un concordat entre l'Empereur d'Autriche et le patriarché œcuménique. Aux termes de cette convention, le patriarche conserve la primauté d'honneur, le droit d'être nommé dans les prières et de délivrer les saintes huiles à l'Église bosniaque ; mais les évêques doivent être nommés directement par l'Empereur d'Autriche, ils sont soumis à un métropolitain établi à Serajewo. En somme, le lien qui rattache au Phanar l'Église orientale non unie de Bosnie et d'Herzégovine est devenu purement nominal, comme le lien qui rattache ces provinces à l'Empire ottoman (1). Il n'est pas inutile d'ajouter que, d'après des propositions formulées dans la presse, l'Église de Bosnie et d'Herzégovine devrait être rattachée à la métropole patriarcale des Serbes d'Autriche, dont le siège est à Carlowitz.

On compte en effet en Autriche-Hongrie un nombre considérable de Gréco-Slaves séparés de Rome ; beaucoup d'entre eux descendent des Serbes émigrés en grand nombre vers 1690, après les luttes malheureuses qu'ils avaient soutenues contre les Turcs. Leur centre religieux fut la métropole de Carlowitz, créée pour eux, qui, indépendante du patriarche œcuménique, abrita pendant quelque temps au XVIII⁰ siècle le patriarche serbe d'Ipek. La métropole patriarcale de Carlowitz, « vers laquelle regardent toutes les populations croates et serbes de religion grecque » (2), fut longtemps le centre de tous les Grecs non unis des États de la Maison de Habsbourg : elle est encore aujourd'hui le chef-lieu d'une province ecclésiastique comprenant six diocèses, indépendante de tout autre pouvoir spirituel et pourvue d'une organisation déterminée par la décision royale du 10 août 1868 (3). De cette métropole s'est détachée en 1865 la province roumaine non unie de Transylvanie

<hr>

(1) Un canoniste oriental, M. Milasch, se refuse, dans un ouvrage récent, à considérer l'Église de Bosnie comme autocéphale (*Le droit ecclésiastique de l'Église d'Orient*, Zara, 1890 : recension dans l'*Archiv für Katholisches Kirchenrecht*, t. LXIV, p. 481).

(2) Elisée Reclus, *Géographie universelle*, t. III, p. 287.

(3) *Archiv für Katholisches Kirchenrecht*, t. XLIII, p. 231 et suiv.

dont il sera parlé ci-dessous. Elle perdit encore, en 1873, les éléments slaves qui formèrent la métropole non unie de Czernowitz, en Bukowine, comprenant trois diocèses : l'un, le diocèse métropolitain, sis à Czernowitz et les deux autres, diocèses suffragants dont les évêques résident en Dalmatie, à Zara et à Cattaro. A raison de l'énorme distance qui sépare la métropole des suffragants, le siège du Synode épiscopal chargé de la direction de cette Église, autonome comme celle de Carlowitz, est l'église de la Sainte-Trinité à Vienne (1).

B. *Gréco-Slaves unis.* — Le groupe le plus considérable de Gréco-Slaves unis est formé par les Ruthènes de Pologne et de Russie. C'est en 1595, sous le pontificat de Clément VIII, que les Ruthènes furent ramenés à l'union. L'œuvre accomplie alors par la Papauté eût pu avoir des conséquences fécondes pour l'histoire de la civilisation : en effet, suivant la juste appréciation d'un écrivain compétent, l'union des Ruthènes était « comme un pont jeté entre les deux Églises. C'était en outre, ajoute le même écrivain, un moyen de rapprocher les Slaves de l'Est et les Slaves de l'Ouest, de faire l'unité morale du monde slave coupé en deux, depuis des sièles, par la religion. On pourrait dire que c'était du panslavisme pratique, mais du panslavisme au profit de Rome et de l'Occident. Cela ne pouvait plaire à Moscou » (2). Cela ne plut pas en effet. Les Ruthènes au XVIIe et au XVIIIe siècle formaient huit diocèses, sous la juridiction de l'archevêque de Kiew et sous le contrôle du nonce du Saint-Siège en Pologne. La persécution dirigée contre eux au cours de ce siècle, surtout depuis le règne de Nicolas Ier, n'a tendu à rien moins qu'à les faire disparaître du domaine des Tsars. « De par l'ordre du Tsar, il ne saurait plus y avoir d'Uniates ». Combien d'Uniates ont résisté à la persécution, combien, dans le secret de leur conscience, demeurent fidèles à la foi romaine, c'est ce qu'il est difficile de savoir. La *Gerarchia Cattolica* de 1895 mentionne encore, en Russie et en Pologne, l'existence, d'ailleurs purement nominale, de trois évêchés ruthènes, dont les sièges ne sont pas remplis : ce sont ceux de Chelm et de Supraslia, immédiatement soumis au Saint-Siège, et celui de Mynsk, suffragant de l'archevêque latin de Mohilew. Plus heureux, les Ruthènes uniates des provinces polonaises échues à l'Autriche se sont développés

---

(1) V. le statut de cette province dans l'*Archiv für Katholisches Kirchenrecht*, t. LIII (1885), p. 251 et suiv. En somme, les Grecs non unis d'Autriche-Hongrie se répartissent entre les métropoles autocéphales de Carlowitz, de Czernowitz et d'Hermannstadt (celle-ci pour les Roumains ; il en est parlé plus loin). Joignez-y la métropole autocéphale de Serajewo pour la Bosnie et l'Herzégovine. D'après les textes officiels, les métropoles de Carlowitz, de Czernowitz et d'Hermannstadt sont « coordonnées » entre elles ; aucune n'a sur les autres de supériorité.

(2) A. Leroy-Beaulieu, *op. cit.*, t. III, p. 604 et 605.

librement ; ils forment maintenant en Galicie une province ecclésiastique composée de trois diocèses dont le métropolitain est l'archevêque ruthène de Lemberg. La Pologne prussienne compte aussi 40.000 Ruthènes uniates.

La Hongrie comprend en outre d'autres communautés de Ruthènes unis, constituées en diocèses, mais non en provinces ecclésiastiques ; ces communautés sont formées des descendants de Ruthènes qui, ébranlés par l'exemple de leurs frères de Galicie, revinrent à l'union au cours du XVIIᵉ siècle. De leurs trois évêques, ceux de Munkacs et d'Eperies relèvent de l'archevêque latin de Gran, primat de Hongrie ; l'évêque ruthène de Kreutz (Crisis) en Croatie relève de l'archevêque latin d'Agram. Il faut encore mentionner l'existence de Ruthènes épars dans les diocèses latins.

Il y a quarante ans, un mouvement assez prononcé de retour à l'union s'est produit au sein de l'Église bulgare. A côté des Bulgares non unis, existent maintenant des Bulgares unis qui constituent une nouvelle branche gréco-slave dans l'Église catholique. Ces Bulgares n'ont point encore de hiérarchie propre : ils sont placés sous la direction d'un délégué apostolique, archevêque *in partibus*, qui réside à Constantinople et de deux vicaires apostoliques, l'un pour la Macédoine et l'autre pour la Thrace. Il n'y a presque pas de Bulgares unis dans la Principauté de Bulgarie ; en général ils habitent les régions demeurées sous le gouvernement du Sultan. Le nombre total des Bulgares unis n'est pas connu exactement ; en tous cas il ne doit guère dépasser 35 à 40 mille.

IV. — Gréco-Roumains.

Ce sont des chrétiens de rite grec qui célèbrent les offices en roumain. Ils se partagent en non unis et unis.

A. *Gréco-Roumains non unis.* — Les quatre millions et demi de Roumains séparés de Rome qui habitent le Royaume de Roumanie se sont depuis 1882 déclarés indépendants du patriarche œcuménique de Constantinople : après quelques années de protestations, le patriarche, en 1885, a reconnu le nouvel état de choses. Les dignitaires les plus élevés de l'Église autocéphale de Roumanie sont les métropolitains de Bucarest et de Jassy ; l'organe du gouvernement suprême de cette Église est un Saint-Synode. Une autre Église de Roumains séparés, indépendante d'ailleurs de l'Église de Bucarest comme du patriarche œcuménique, réunit en Hongrie de nombreux fidèles issus des Roumains qui, au XIIIᵉ siècle, cherchèrent dans les domaines de la Couronne de Saint-Étienne un refuge contre les invasions des Tartares. Cette Église, jadis subordonnée à la métropole patriarcale de Carlowitz, doit son existence, en tant qu'Église autocéphale, à une décision royale du 5 janvier 1865 et à une loi hongroise de 1868 ; elle a été définitivement organisée en 1869. Elle constitue actuellement quatre diocèses sous la direction du métropolitain d'Hermannstadt.

B. *Gréco-Roumains unis.* — Un mouvement de retour à l'union se produisit à la fin du XVIIᵉ siècle parmi les Roumains de Transylvanie ; les jésuites y jouèrent un rôle capital (1). Aujourd'hui, une importante province de Gréco-Roumains unis existe en Transylvanie. Ils y forment la province ecclésiastique d'Alba-Julia ou Fogaras (2), comprenant quatre diocèses sous la direction d'un archevêque. En dehors de cette province qui a été organisée par Pie IX, il n'existe pas de catholiques gréco-roumains.

Tels sont les divers éléments qui composent actuellement le rite grec (3), c'est-à-dire le rite issu de cette Église fameuse de Byzance, si fière de son orthodoxie vis-à-vis des grandes sectes hérétiques d'Asie, les nestoriens et les monophysites, et si jalouse de son indépendance vis-à-vis de Rome. Comme on a pu en juger, les fidèles de rite grec séparés de Rome sont beaucoup plus nombreux que les Grecs unis (approximativement 90.000.000 de Grecs séparés contre 5 à 6.000.000 de Grecs unis) (4). Dans cette masse énorme de chrétiens séparés de Rome, l'élé-

---

(1) Sur ce mouvement, comme sur les diverses unions de chrétiens soumis à la Couronne de Hongrie, comp. Nilles, *Symbolæ ad illustrandam historiam ecclesiæ orientalis in terris Coronæ Sancti Stephani*, Innsbruck, 1885, in-8°.

(2) On trouvera dans l'*Archiv für Katholisches Kirchenrecht*, t. LV (1886), p. 77 et suiv., le procès-verbal du Concile de la province roumaine unie de Fogaras, tenu en 1872, sous ce titre : *Acta et decreta Concilii provinciæ ecclesiasticæ græco-catholicæ Alba Juliensis et Fogarensis.*

(3) Je n'ai pas compté parmi les chrétiens orientaux les catholiques de Croatie, de Dalmatie, de Bosnie ou d'Herzégovine qui, avec l'autorisation du Saint-Siège, célèbrent les offices d'après le rite latin, mais en paléo-slave. Ce sont des catholiques latins d'un genre particulier. Le même privilège appartient aux 26.000 catholiques du Monténégro, placés sous la juridiction de l'archevêque d'Antivari ; on sait que le Saint-Siège et le Prince de Monténégro ont réglé la condition de ces catholiques par un concordat ratifié le 8 octobre 1886. Contre la tendance de certains catholiques de ces régions à demander l'emploi de la langue slave, comp. en particulier la pastorale des évêques de la province latine de Goritz : *Archiv für Katholisches Kirchenrecht*, t. LXIX (1888), p. 401. Il y a là un épisode intéressant de la lutte des Slaves contre les Allemands.

(4) Séparés : Grecs purs. . . . . 4.000.000   Unis : Grecs purs. . 1.000

Melchites	400.000		Italiens. . . .	40.000
Russes	70.000.000		Melchites. . .	120.000
Serbes	1.900.000		Bulgares. . .	40.000
Bulgares	5.000.000		Ruthènes. . .	4.000.000
Monténégrins	250.000		Roumains . .	1.000.00
Bosniaques	500.000			
Roumains.	4.600.000			
Grecs d'Autriche-Hongrie.	3.500.000			

Ces chiffres sont bien entendu approximatifs.

ment qui domine est l'élément slave ; et dans l'élément slave, la nationalité russe.

Autrefois tous les chrétiens de rite grec séparés de Rome reconnaissaient pour chef suprême le patriarche œcuménique de Constantinople. Cette primatie du patriarche œcuménique semble entraînée depuis trois siècles par un mouvement de décadence qui s'est encore accéléré de nos jours. La Russie était séparée de sa juridiction depuis la fin du XVIᵉ siècle ; dans ce siècle, il a perdu la Grèce, la Roumanie, la Serbie, la Bulgarie ; en ce moment s'achève la perte de la Bosnie. Partout, sur les ruines de la juridiction du Patriarcat s'élève, chez les chrétiens séparés d'Orient, l'Église nationale, à la tête de laquelle se trouve parfois un métropolitain ou un patriarche, mais qui est effectivement gouvernée par une autorité collective, le Synode. Toutes ces Églises, unies par une foi commune et immuable, sont absolument séparées quant à la juridiction ; les communications que dans les circonstances graves échangent entre eux les patriarches ou les métropolitains manifestent seulement l'union doctrinale, mais n'impliquent la reconnaissance d'aucune autorité supérieure à celle des chefs des Églises autocéphales. Malheureusement les Églises nationales n'ont pu ou n'ont su sauvegarder leur liberté ; partout, en Grèce comme en Serbie, en Roumanie comme en Russie, elles sont tombées sous la dépendance du pouvoir civil (1).

SECTION II. — *Le rite arménien.*

Ce n'est pas le lieu de rappeler ici les origines de l'Église arménienne, dont Grégoire l'Illuminateur fut le véritable fondateur. Dès l'année 527, cette Église rejeta le Concile de Chalcédoine pour adopter l'hérésie monophysite : séparée du même coup de l'Église byzantine et de l'Église d'Occident (Rome et Byzance étaient alors en communion), elle vécut de sa vie propre, qu'elle a conservée jusqu'à nos jours, ainsi que sa langue liturgique, le vieil arménien.

A. *Arméniens non unis.* — Aujourd'hui encore la fraction de beaucoup la plus nombreuse des Arméniens (on peut l'estimer à 3 millions) demeure séparée du Saint-Siège. Ces Arméniens, appelés parfois Grégoriens du nom de Grégoire l'Illuminateur, habitent principalement les États ottomans, la Perse et les contrées russes avoisinant le Caucase. Leur hiérarchie comprend des évêques subordonnés à cinq patriarches : au-dessus des patriarches est placé le chef suprême spirituel des Grégoriens,

(1) A. Leroy-Beaulieu, *op. cit.*, t. III, p. 198 et suiv. — Les métropoles de Carlowitz et d'Hermannstadt ont une organisation démocratico-protestante peu en harmonie avec les principes de l'Église orthodoxe.

qui porte le titre de *Catholicos* et réside au monastère d'Etchmiadzin, non loin du mont Ararat, dans la province d'Erivan enlevée en 1828 à la Perse par l'Empereur Nicolas. Le changement de la domination temporelle sous laquelle vivait le *Catholicos* ne fut pas sans entraîner une grave diminution de la liberté de l'Église arménienne. En 1836, le gouvernement russe publia une ordonnance connue sous le nom de *Balagenia*, par laquelle il modifiait au profit de son autorité l'ancienne constitution de l'Église arménienne. En 1885, l'autorité russe intervint dans l'élection du *Catholicos* ; sans se préoccuper de respecter le choix des électeurs, Alexandre III désigna l'ancien évêque de Bessarabie, Macaire Mikonian, qui avait obtenu moins de suffrages que son concurrent Melchisedech, l'archevêque arménien de Smyrne. Les Arméniens non russes manifestèrent leur mécontentement, sans toutefois aller jusqu'au schisme. « Le *Catholicos* est ainsi devenu un dignitaire russe à la nomination du Tsar » (1) ; il est peut-être certains politiques occidentaux, incommodés par l'indépendance de l'Église catholique, qui regretteront de ne pouvoir user d'un tel procédé à l'égard du Pape. Il n'est pas inutile d'ailleurs de faire remarquer que ce n'est pas le *Catholicos*, mais bien le patriarche de Constantinople qui, dans les États turcs, est le chef temporel des Arméniens non unis (2).

B. *Arméniens unis*. — A diverses reprises, au cours du moyen âge, des tentatives avaient été faites pour réunir l'Église arménienne à l'Église romaine, notamment à l'époque du Concile de Florence (3) ; ces tentatives n'avaient point amené de résultat durable. Le Pape Benoît XIV les renouvela et sut les faire aboutir en partie. En 1742, un archevêque arménien uni à Rome, Pierre Ier Abraham, devint patriarche de Cilicie, et après lui ses successeurs, qui tous portèrent le nom de Pierre, observèrent l'union. Les Arméniens unis se trouvaient partagés entre deux obédiences : celle du patriarche de Cilicie et celle de l'archevêque arménien de Constantinople. En 1867, Pie IX les réunit en la personne de Mgr Hassoun, archevêque de Constantinople, qui, élu patriarche de Cilicie, devint ainsi le chef des Arméniens unis originaires des pays soumis aux Musulmans. Pendant les dernières années du pontificat de Pie IX, la communauté arménienne unie fut gravement éprouvée par un schisme dont le chef fit enfin sa soumission à Léon XIII (4). Actuellement les Armé-

---

(1) A. Leroy-Beaulieu, *op. cit.*, t. III, p. 587. Comp. *Archiv für Katholisches Kirchenrecht*, t. LI (1884), p. 312 et suiv. ; t. LV (1885), p. 464 et suiv.

(2) R. P. Michel, *op. cit.*, p. 28.

(3) Eugène IV rendit un décret spécial pour l'union des Arméniens.

(4) Sur l'histoire religieuse des Arméniens unis, comp. la lettre qui leur fut adressée le 25 juillet 1888 par le Pape Léon XIII, dans les *Archiv für Katholisches Kirchenrecht*, t. LXI (1889), p. 124 et suiv.

niens unis, dont le nombre dépasse 100.000, sont placés sous la juridiction patriarcale de Mgr Azarian (Étienne Pierre X), qui a succédé en
1881 à Mgr Hassoun, élevé alors à la dignité cardinalice. Outre ce patriarche qui réside à Constantinople, on compte deux archevêques et
treize évêques dans les États ottomans d'Asie, un évêque à Alexandrie
d'Égypte et un évêque à Ispahan (1). En dehors de cette organisation
il faut signaler l'existence d'un évêché arménien dont le siège est à
Artuin (2), dans la Russie asiatique, et d'un archevêché arménien (sans
suffragants) dont le siège est à Lemberg, en Galicie. Plusieurs communautés arméniennes sont établies en Occident ; qu'il me soit permis
seulement de mentionner les célèbres maisons de religieux mékhitaris-
tes de Vienne et de l'île San-Lazaro, près de Venise.

Section III. — *Le rite syrien.*

Le rite syrien comprend trois groupes : celui des Syriens purs, celui
des Syro-Maronites et celui des Syro-Chaldéens. Seuls les Maronites
appartiennent tous à l'union ; chacun des deux autres groupes comprend une fraction séparée du Saint-Siège et une fraction qui lui est
unie.

I. — Syriens purs.

A. *Syriens purs non unis.* — Dès le VI⁰ siècle, les monophysites, sous
le nom de jacobites (du moine Jacques, qui, devenu métropolite d'Edesse,
les organisa en Église au cours de la première moitié du VI⁰ siècle), s'é-
taient multipliés en Syrie où ils surent se maintenir malgré l'hostilité
de l'Église byzantine et les persécutions de Justinien. Le chef de leur
Église particulière reçut le titre de patriarche d'Antioche. Les Syriens
non unis, c'est-à-dire séparés de l'Église occidentale non seulement par
le schisme, mais par l'hérésie, sont les continuateurs de cette Église ; ils
forment un groupe assez nombreux (dépassant 500.000 âmes) dont le chef
est toujours un patriarche portant le titre d'Antioche et résidant à Zag-
Faran près de Mardin. Ces jacobites sont partagés entre la Syrie, la Mésopotamie, la petite Arménie et d'autres régions de la Turquie d'Asie.

B. *Syriens purs unis.* — Sous le pontificat du Pape Grégoire XIII, le
patriarche jacobite d'Antioche, Neemen, se soumit au Saint-Siège (3).
Mais, sans doute à cause de l'hostilité des Turcs, l'union ainsi établie
ne dura pas. En 1781, à la mort du patriarche Georges III, un mouve-

---

(1) La communauté des Arméniens unis comprend un grand nombre d'Arméniens qui
ont émigré à l'étranger : on sait avec quelle facilité cette race va chercher fortune au loin.

(2) Ce siège est d'ailleurs vacant.

(3) Thomassin, *Ancienne et nouvelle discipline de l'Église* (édit. de 1725), part. I,
liv. I, chap. 16, § 2.

ment nouveau se produisit en faveur de l'union : ce mouvement, auquel s'associèrent plusieurs évêques, aboutit à la constitution d'un Patriarcat dont la situation fut réglée par Pie VI en 1787. Le nouveau dignitaire prit le titre de patriarche d'Antioche pour les Syriens ; il fut en même temps évêque d'Alep et joignit à ces titres l'administration de l'église archi-épiscopale de son rite à Jérusalem. Sa résidence fut fixée au monastère de Sainte-Marie libératrice dans le Liban, où il lui fallut s'établir pour échapper aux persécutions de l'importante fraction de Syriens qui n'avaient pas abandonné le schisme. Le patriarche syrien d'Antioche a actuellement sous sa juridiction trois archevêques, ceux de Bagdad, d'Emèse et de Damas, cinq évêques, une centaine de prêtres et environ trente mille fidèles, répandus en Syrie, en Mésopotamie, en Égypte et dans le Kurdistan. Le patriarche actuel est Mgr Cyrille Benham Bonni, autrefois évêque de Mossoul, élu patriarche le 23 octobre 1893 et confirmé le 18 mai 1894 sous le nom d'Ignace.

II. — Syro-Maronites.

C'est la seule Église unie qui comprenne véritablement une nation toute entière. Les Maronites, qui habitent le Liban, l'Anti-Liban et la côte de Tripoli, tirent leur nom de Jean Maro, moine et patriarche, mort en 707, qui fut leur chef spirituel et temporel. Pendant plusieurs siècles ils furent les sectateurs de l'hérésie monothélite, solennellement condamnée en 680 par le sixième Concile général, tenu à Constantinople ; ce ne fut qu'en 1182, sous l'influence du mouvement des croisades, qu'ils abjurèrent leurs doctrines hérétiques entre les mains du patriarche latin d'Antioche (1) et s'unirent à l'Église romaine. L'union établie à cette époque a persisté jusqu'à nos jours (2). Le patriarche d'Antioche pour les Maronites, chef suprême de la communauté, est actuellement Mgr Jean Pierre Hagg, élu en 1890. Il a sous sa juridiction six archevêques, deux évêques, environ 1.200 prêtres et 300.000 fidèles répartis en 300 paroisses. La langue liturgique des Maronites est le vieux syriaque, comme celle des Syriens ; l'évangile est lu en arabe.

(1) Le Patriarcat latin d'Antioche fut institué au temps des croisades : depuis la chute des établissements latins d'Orient, le titre fut conservé à Rome, au profit d'un dignitaire important de la Cour romaine, ce qui fait qu'il y eut toujours à Rome des patriarches latins d'Antioche (Les titres patriarcaux latins d'Alexandrie et de Jérusalem eurent le même sort ; mais, depuis 1847, le Patriarcat latin de Jérusalem n'est plus seulement honoraire, il a été rétabli effectivement et le patriarche est tenu de résider). En dehors du patriarche latin d'Antioche, il y a trois dignitaires catholiques qui portent le titre d'Antioche : le patriarche melchite, le patriarche des Syriens purs et le patriarche des Maronites. En outre, les Melchites et les Syriens schismatiques ont à leur tête des patriarches d'Antioche.

(2) Elle fut confirmée en 1445 à la suite du Concile de Florence, sous le pontificat d'Eugène IV.

III. — Syro-Chaldéens.

Les Syriens purs étaient des monophysites. Les Syro-Chaldéens sont des Syriens qui appartiennent à celle des grandes hérésies qui avec le monophysisme fut le plus répandue en Orient : je veux parler des nestoriens, séparés de l'orthodoxie depuis le Concile d'Ephèse (431). Les nestoriens, dont l'Église fut longtemps florissante, envoyèrent des missions dans l'Asie toute entière, notamment sur la côte de Malabar où existent encore des chrétientés d'origine nestorienne. Leur décadence commença avec les victoires de Gengis-Khan, au début du XIIIᵉ siècle, et s'acheva avec celles de Tamerlan, à la fin du XIVᵉ siècle. Ils sont, en grande majorité, concentrés dans les montagnes du Kurdistan.

A. *Syro-Chaldéens non unis.* — C'est dans ces montagnes que se trouvent à l'heure présente le plus grand nombre des 200.000 nestoriens qui conservent le souvenir de cette Église. Ils sont placés sous la juridiction d'un patriarche, qui s'intitule *Catholicos* et réside à Kotchanès, et de six évêques, dont deux en Turquie d'Asie et quatre en Perse. Les nestoriens se sont maintenus au Malabar jusqu'au XVIᵉ siècle ; depuis lors les uns sont revenus à l'union, les autres sont passés aux jacobites pour se rendre ensuite indépendants ; on compte encore au Malabar environ 120.000 chrétiens séparés, sous la juridiction d'un métropolite. Les nestoriens du Malabar furent connus sous le nom de chrétiens de Saint-Thomas.

B. *Syro-Chaldéens unis.* — Des réunions partielles de nestoriens à l'Église romaine eurent lieu sous Eugène IV (1) et sous plusieurs de ses successeurs, Jules III, Pie IV, Innocent IX, Clément VIII et Paul V. Le Pape Innocent XI (1676-1689) établit à Diarbékir un patriarche des nestoriens unis. Pie VIII, en 1830, transporta son titre à Babylone. Le patriarche de Babylone pour les Chaldéens, qui gouverne immédiatement le diocèse de Mossoul, où il a une résidence, a sous sa juridiction onze archevêques ou évêques (j'emprunte ces renseignements à la *Gerarchia Cattolica*), une centaine de prêtres et environ 300.000 fidèles. Il y a en outre sur la côte de Malabar, depuis la réunion opérée en 1599, environ 200.000 fidèles de ce rite qui sont en communion avec le Saint-Siège; ils ne sont point soumis au patriarche et, n'ayant point de hiérarchie propre, vivent sous la juridiction de deux vicaires apostoliques, celui de Trichoor et celui de Cottayam.

SECTION IV. — *Le rite copte.*

Les doctrines monophysites se répandirent en Afrique tout aussi bien

(1) Au temps du Concile de Florence.

qu'en Asie. Les Coptes d'Égypte, monophysites par opposition aux Grecs qui avaient adhéré au Concile de Chalcédoine, réussirent, dans le cours du VIIe siècle, à s'attirer les faveurs des conquérants arabes et à se rendre maîtres du Patriarcat d'Alexandrie.

A. *Coptes non unis.* — Les Coptes non unis se sont maintenus en Égypte et dans quelques localités de la Palestine : ils obéissent à un patriarche d'Alexandrie (résidant au Caire) qui a sous sa juridiction des évêques ; leur langue liturgique est l'ancien copte. Ils sont tombés dans une profonde décadence. Suivant les estimations, leur nombre varie de 200.000 à 500.000, ils sont en communion avec les monophysites de Syrie.

Les Coptes ont gagné aux doctrines monophysites les Abyssins, qui y sont demeurés fidèles jusqu'à nos jours : au nombre de 3.000.000 environ, ils vivent sous un métropolitain et usent de l'éthiopien comme langue liturgique.

B. *Coptes unis.* — Grâce aux travaux des missionnaires, il s'est produit, tant chez les Coptes que chez les Abyssins, un certain nombre de retours à l'unité romaine : il y a aujourd'hui de 20 à 25.000 Coptes unis et à peu près autant d'Abyssins. Les uns et les autres sont desservis par des prêtres de leur rite, aidés, en cas de besoin, par des missionnaires latins. Ils n'ont point de hiérarchie propre. Les Coptes dépendent d'un vicaire apostolique de leur rite, et les Abyssins d'un vicaire apostolique latin. Le 15 août 1824, Léon XII avait cru pouvoir établir un Patriarcat uni des Coptes ; il avait même désigné le patriarche (*patriarca Alexandrinus Coptorum*) ; mais cette mesure ne put être mise à exécution.

Pas n'est besoin de faire remarquer en achevant cette longue énumération que l'importance numérique des trois derniers rites, arménien, syrien et copte, est bien inférieure à celle du rite grec. Le lecteur se rappelle peut-être que les Grecs séparés de l'Église romaine sont au nombre de 90 millions environ (dont 70 millions de Russes), et que le total des Grecs unis ne monte pas à plus de 6 millions. Le nombre des Arméniens séparés peut être de 3 millions ; celui des Arméniens unis d'environ 150 mille : chiffres bien faibles si on les compare à ceux des fidèles du rite grec ; il est vrai que les Arméniens compensent cette infériorité par leurs grandes qualités d'intelligence, d'activité et de souplesse. Il y a environ 700.000 Syriens séparés pour 550.000 Syriens unis, y compris les Maronites et les catholiques syriens du Malabar. Coptes et Abyssins catholiques ne dépassent pas 50.000 âmes, en face d'une population séparée bien plus nombreuse.

En somme, on peut estimer à près de 100 millions le nombre des Orientaux séparés, et à près de 7 millions celui des Orientaux unis.

CHAPITRE II. — Principes du droit antérieur a la constitution orientalium (1).

Considérons désormais ces Églises orientales unies au Saint-Siège, de l'origine et de l'importance desquelles nous avons essayé de donner un aperçu. Les fidèles qui en font partie sont à la vérité peu nombreux ; si l'on en excepte les Maronites, ils ne forment pas des Églises nationales, mais des fractions de nations revenues à l'union, soit du schisme grec de Photius et de Michel Cérulaire (Grecs, Gréco-Melchites, Gréco-Slaves et Gréco-Roumains), soit des deux grandes hérésies orientales, celle des monophysites (Arméniens, Syriens purs, Coptes, Abyssins) et celle des nestoriens (Chaldéens). Ces communautés unies n'en sont pas moins, aux yeux du Pontife suprême, des portions très précieuses de son troupeau. Chacune d'elles lui apparaît en effet comme les prémices du retour, toujours désiré, de la nation à laquelle elle appartient ; chacune d'elles prouve par son existence la possibilité de ce retour. Ainsi les quelques centaines de Grecs unis répandus en Turquie d'Europe ne valent pas seulement par eux-mêmes, ils valent comme un exemple destiné à agir sur l'Église déchue du Phanar et à lui rappeler qu'elle pourrait trouver dans l'union un remède à ses maux. C'est non seulement à cause du présent, mais surtout à cause de l'avenir que la conduite du Saint-Siège à l'égard des Orientaux unis prend une si grande importance.

Les principes qui dirigent cette conduite ne peuvent être que très généraux ; on ne s'en étonnera pas si l'on veut bien se rappeler la grande variété que présente la situation des chrétientés orientales unies. C'est d'abord leurs constitutions qui sont très différentes les unes des autres. Cinq d'entre elles ont un chef suprême portant le nom de patriarche (le patriarche melchite d'Antioche, le patriarche arménien, le patriarche syrien d'Antioche, le patriarche maronite d'Antioche et le patriarche chaldéen de Babylone). D'autres, comme les Ruthènes et les Roumains d'Autriche-Hongrie, vivent sous des évêques et des métropolitains de leur rite relevant immédiatement du Saint-Siège, sans l'intermédiaire d'un patriarche. D'autres, comme certains Gréco-Slaves de Hongrie, ont des évêques de leur rite, subordonnés à un métropolitain latin. D'autres enfin, comme les Coptes, les Abyssins, les Chaldéens de Malabar, sont soumis à des vicaires apostoliques ou, comme les Italo-Grecs et les Orientaux émigrés, dépendent des Ordinaires latins.

(1) On peut s'en référer sur ces questions aux ouvrages, cités plus haut, de Hergenrœther et du Père Arndt.

La diversité des rites répond à la diversité des constitutions. ci, l'Eucharistie est administrée aux enfants immédiatement après le baptême ; là, on attend un âge plus avancé. Ici, le prêtre emploie pour la consécration du pain azyme, comme les Latins (Arméniens, Maronites, Chaldéens du Malabar, Grecs de Grotta-Ferrata près de Tusculum et de S. Maria del Grafeo en Sicile) ; ailleurs, le prêtre emploie du pain fermenté. La plupart des Orientaux confèrent les ordres par l'imposition des mains, suivant l'usage apostolique ; les Arméniens y ajoutent, comme les Latins, la *traditio instrumentorum*. Les jeûnes et les carêmes varient d'un rite à l'autre. Pas n'est besoin de dire que si les rites orientaux diffèrent les uns des autres, ils diffèrent plus profondément encore du rite latin. On a mentionné plus haut quelques-unes de ces différences. L'une des plus sensibles est l'atténuation, chez les Orientaux, des règles du célibat ecclésiastique : on sait en effet que le mariage antérieurement contracté n'est pas incompatible avec les ordres majeurs des rites orientaux, si bien que beaucoup de curés de ces rites sont mariés(1). Je me borne à signaler ces divergences à titre d'exemples ; prétendre les énumérer toutes serait sortir du cadre étroit de ce travail. En présence d'une telle variété, essayons de déterminer les lignes générales de la conduite adoptée par le Saint-Siège et manifestée par une foule de documents dont l'interprétation et l'application sont confiées à la S. Congrégation de la Propagande (2).

Le principe qui dirige la conduite du Saint-Siège à l'égard des Orientaux unis est posé depuis longtemps. Il s'inspire de la règle célèbre, d'après laquelle c'est un devoir pour les fidèles d'observer les traditions ecclésiastiques que leur ont léguées leurs pères, alors qu'elles ne portent aucune atteinte à la foi. Une longue série d'actes du Saint-Siège, au

(1) Une circonstance récente a mis en lumière l'antipathie des chrétiens occidentaux pour certains usages de l'Orient. Des Ruthènes de Galicie ayant émigré en assez grand nombre aux États-Unis, les évêques ruthènes leur envoyèrent des prêtres de leur rite. Or ces prêtres étaient mariés. Leur présence provoqua, chez les catholiques et chez les protestants, un tel scandale que des plaintes furent adressées au Saint-Siège. Le 1ᵉʳ octobre 1890, une décision de la Propagande, notifiée à Mgr Ireland, archevêque de Saint-Paul, décida qu'il serait interdit aux évêques ruthènes d'envoyer en Amérique des prêtres autres que des célibataires ou des veufs (*Archiv für Katholisches Kirchenrecht*, t. LXVII (1892), p. 475).

(2) Le 6 janvier 1862, Pie IX érigea dans le sein de la Propagande une Congrégation spéciale *de Propaganda fide pro negotiis ritus Orientalis* (V. la bulle de Pie IX, qui indique les précédents, dans l'*Archiv für Katholisches Kirchenrecht*, t. VII, p. 268 et suiv.). J'ai sous les yeux la liste des membres et des consulteurs de cette Congrégation, donnée par la *Gerarchia Cattolica* de 1895. C'est avec un véritable regret que je constate qu'on n'y rencontre pas de noms français, tandis qu'à côté de beaucoup de noms italiens on y trouve des noms slaves ou germaniques. Seul un Français, M. l'abbé Hyvernat, apparaît à la fin de la liste, au rang des interprètes; mais ce Français réside à Washington où il est professeur à l'Université catholique des États-Unis.

milieu desquels se font remarquer plusieurs bulles magistrales de
Benoît XIV, a développé cette idée et en a tiré de multiples conséquences. Qu'il me soit permis seulement de noter les règles fonda-
mentales qui en ont été déduites.

1° Le Pape est, pour les Orientaux unis comme pour les Latins,
docteur, législateur et juge. Il lui appartient donc de maintenir les
Orientaux dans la doctrine catholique, surtout en écartant de leur liturgie et de leur discipline tout ce qui mettrait la foi en péril, et d'exercer
sa souveraineté, notamment en rétablissant les liens qui unissaient
l'Orient à Rome, en réorganisant la hiérarchie conformément aux besoins des fidèles, et en connaissant en dernier ressort des causes de
l'Orient.

2° Cependant le Pape n'entend user de la plénitude de ses pouvoirs
que dans la mesure strictement nécessaire aux fonctions essentielles du
suprême Pontificat. La raison en est très simple : les Églises diverses de
l'Orient constituent non seulement des communautés religieuses, mais
des nationalités civiles ; à ce double titre chaque patriarche étant ou plu-
tôt devant être le chef de sa nationalité prétend, en vertu des traditions
orientales, à une indépendance beaucoup plus large que celle des métropolitains d'Occident. Le souci de ménager cette situation explique la
discrétion de la conduite du Saint-Siège à l'égard des Églises orientales.
Ainsi se justifie la règle ancienne (elle est déjà formulée sous le pontificat d'Urbain VIII le 4 juillet 1631), d'après laquelle les Constitutions
des Papes portant sur des matières non doctrinales, mais disciplinaires
ne lient pas les Orientaux à moins que le Pape ne l'ait expressément
ordonné ou que cette obligation ne résulte implicitement de l'acte du
Saint-Siège (1). De même, à moins d'une décision formelle, les Orientaux
ne sont pas tenus de célébrer les fêtes des Saints canonisés par les Pon-
tifes romains. C'est en vertu du même principe que les Papes se sont
gardés d'imposer aux Orientaux unis la réception du calendrier grégo-
rien ; quelques-uns l'ont adopté, d'autres ont conservé l'ancien calendrier.

Cette autonomie s'impose au respect des missionnaires latins répandus en Orient. Sans doute ces missionnaires sont tout naturellement
les chefs spirituels des Latins qui habitent l'Orient ; mais, en ce qui touche les Orientaux unis, les missionnaires ne doivent être considérés
que comme les auxiliaires du clergé oriental. Ils ne peuvent accomplir
les actes du ministère pastoral auprès des fidèles d'un rite oriental, que

_____

(1) Comp. Hergenrœther, *op. cit.*, p. 198. Cette doctrine a été appliquée tout récemment :
sur l'initiative de la Propagande, le Saint-Siège a étendu aux Orientaux le décret de la
S. Congrégation du Concile, *Vigilanti studio*, du 25 mai 1893, sur les honoraires de
messes.

lorsque ces fidèles n'ont point de pasteur de leur propre rite : encore leur faut-il pour cela l'agrément des Ordinaires orientaux.

3° Le dogme étant sauvegardé, l'Église romaine ne néglige rien pour marquer l'honneur qu'elle rend aux rites et aux traditions des Églises d'Orient. Elle manifeste ces sentiments en des circonstances solennelles, par exemple quand, dans les fonctions ecclésiastiques, le Pontife suprême est assisté de ministres grecs aussi bien que de ministres latins. Elle les manifeste aussi par les emprunts qu'elle a faits aux liturgies orientales ; on sait en effet qu'elle a pris à ces liturgies la récitation du Symbole à la messe, la trisagion du Vendredi saint, l'adoration de la Croix et beaucoup d'autres rites. Enfin il n'est pas inutile de remarquer que dans divers collèges, dont plusieurs sont établis à Rome (des collèges gréco-ruthène, arménien et maronite sont fondés dans la Ville éternelle), les Papes assurent l'instruction de jeunes clercs orientaux dans leurs rites respectifs. Cette manière d'agir est d'ailleurs parfaitement conforme à un grand nombre de déclarations pontificales, dont il serait trop long d'établir la liste, depuis Nicolas Ier et Léon IX jusqu'à Pie IX et Léon XIII. Il suffira de reproduire ici, comme un écho très exact de la tradition, ces paroles empruntées à une lettre de Pie IX aux Orientaux, en date du 6 janvier 1848 : « Nous voulons maintenir intégralement vos liturgies catholiques particulières que nous tenons en haute estime, quoique sur beaucoup de points elles diffèrent de la liturgie des Églises latines ». La même pensée se retrouve encore dans l'encyclique *Præclara*, adressée le 20 juin 1894 par le Pape Léon XIII aux Princes et aux peuples de l'univers.

4° Dès lors on ne saurait s'étonner de la règle posée et maintenue avec persistance par l'Église romaine : tout rite oriental reconnu par l'Église doit être conservé dans son intégrité. Or l'intégrité d'un rite peut être menacée de deux façons, soit parce que le rite lui-même est modifié, soit parce que les sectateurs de ce rite l'abandonnent sans juste cause. Ce double danger a provoqué l'attention du Saint-Siège.

D'une part, le Pape ne permet pas aux Orientaux de modifier leurs rites sans son autorisation. « En ce qui touche les rites et les coutumes de l'Église grecque, dit Benoît XIV (1), nous avons décidé d'une manière générale qu'il n'est permis à aucun fidèle, pour quelque raison ou prétexte que ce puisse être, fût-il investi de la dignité patriarcale ou épiscopale, d'innover en quoi que ce soit, ou d'introduire quoi que ce soit qui porte atteinte à l'observation intégrale et exacte de ces coutumes ». Les Papes ont souvent appliqué ce principe, soit en rappelant les Orientaux à leurs

____

(1) Constitution *Demandatam*, au sujet des Melchites, § 3 (*Bullaire*, t. I, p. 290 et suiv.).

traditions, soit même en refusant de les autoriser à introduire dans leurs rites des innovations qui n'étaient nullement justifiées. Je me borne à en citer deux exemples : le patriarche maronite ayant de sa propre autorité supprimé quelques-uns des jeûnes traditionnels pour les fidèles de son rite, Paul V, le 9 mars 1610, annula sa décision ; Benoît XIV en fit autant le 24 décembre 1743 pour une décision analogue du patriarche melchite. Il serait facile de donner une plus longue liste d'actes du Saint-Siège inspirés par le même esprit.

Non seulement le rite en lui-même ne peut être modifié ; mais la législation canonique interdit expressément le mélange des rites. En d'autres termes il n'est pas permis de se conformer simultanément aux prescriptions disciplinaires et liturgiques de deux rites. C'est ainsi qu'un prêtre latin ne saurait invoquer la législation moins sévère des Églises orientales sur le célibat ecclésiastique. C'est ainsi qu'un prêtre quelconque ne pourrait régulièrement célébrer la messe dans un rite autre que le sien, user du pain fermenté quand son propre rite use du pain azyme. De nombreuses décisions tirent la conséquence de ce principe, en tenant compte toutefois des limites marquées par les besoins pratiques. Ainsi, malgré la défense de mêler les rites, il est reconnu que tout fidèle peut se confesser à un prêtre muni de la juridiction suffisante, quel que soit son rite. On admet depuis longtemps qu'un fidèle peut en cas de nécessité recevoir la communion dans un autre rite que le sien ; on ne saurait contester non plus aux Orientaux habitant un pays exclusivement latin le droit de suivre les offices latins. Toutefois, sous réserve de ces atténuations, imposées par le bon sens, on peut affirmer que l'obligation pour les fidèles de s'attacher exclusivement à un rite est une règle fondamentale de la discipline ecclésiastique.

Enfin, non seulement le rite ne peut être arbitrairement modifié ni défiguré par des éléments empruntés à un autre rite ; de plus, les fidèles ne peuvent eux-mêmes passer arbitrairement d'un rite à un autre. En dehors de certains cas prévus par le droit (comme par exemple celui du mariage), le passage d'un rite à un autre doit *en principe* être autorisé par le Saint-Siège. Cependant, lorsqu'il s'agit de passer d'un rite oriental à un autre rite oriental employant pour la consécration la même espèce de pain (azyme ou fermenté), la permission du patriarche suffit.

Pour sanctionner ces règles, les Papes ont à plusieurs reprises formellement défendu aux évêques et aux missionnaires latins d'induire les Orientaux à abandonner leurs rites pour adopter le rite latin ; dans certains cas ils ont édicté des censures contre les membres du clergé latin qui contreviendraient à cette décision.

5° Quel que soit l'honneur dont le Saint-Siège s'est plu à entourer les rites orientaux, le rite latin n'en garde pas moins une certaine prééminence, étant celui, dit Benoît XIV, dont se sert la sainte Église romaine, maître et maîtresse des autres Églises. Cette préférence se traduit par divers faits. Par exemple, des Orientaux sont en plus d'un cas soumis aux Ordinaires latins, tandis que les Latins ne sont jamais assujettis aux Ordinaires orientaux. La femme orientale qui épouse un Latin devient latine ; la femme latine qui épouse un Oriental ne saurait devenir orientale qu'avec l'autorisation du Saint-Siège. Enfin, ce n'est qu'à titre tout à fait exceptionnel que le Saint-Siège autorise un Latin à passer à un rite oriental (1) ; l'Oriental passe plus facilement à un rite latin. En outre, quand un Oriental est passé au rite latin, il y doit demeurer même alors que les circonstances qui ont motivé son changement de rite ont pris fin : ainsi la femme orientale devenue latine par son mariage avec un Latin garde le rite latin même quand le mariage s'est dissous par la mort du mari. Ces diverses décisions manifestaient incontestablement une certaine préférence du Saint-Siège pour le rite latin : on verra que la nouvelle Constitution de Léon XIII a sur ce point modifié profondément la législation antérieure.

CHAPITRE III. — LES DISPOSITIONS DE LA CONSTITUTION ORIENTALIUM.

Il nous reste à résumer les dispositions de la Constitution *Orientalium*, préparée dans les célèbres Conférences tenues au Vatican vers l'automne de 1894, et à montrer en quoi elles innovent sur le droit antérieur dont les principes viennent d'être exposés. Ces dispositions peuvent être rattachées à deux idées générales. Les unes ont pour but de mieux assurer l'autorité des patriarches et des évêques orientaux ; les autres de maintenir les Orientaux unis dans leurs rites respectifs et de mettre fin aux tentatives de certains missionnaires qui, par un zèle peu éclairé et fort malhabile, semblaient considérer la diffusion du rite latin comme le seul moyen de conserver les Orientaux à l'unité catholique.

Premier groupe de dispositions.

Le premier groupe comprend trois dispositions (XII, VI et XIII de la bulle).

(1) On peut trouver un exemple des causes graves pour lesquelles un Latin est autorisé à passer à un rite oriental dans la Constitution de Léon XIII du 12 mai 1882 sur la réforme des religieux basiliens du rite ruthène en Galicie. En vertu de cette Constitution, les postulants latins non encore admis aux ordres sacrés sont autorisés à entrer dans les maisons réformées de cet Ordre, quoique l'Ordre appartienne au rite oriental. La raison en est que le Pape se proposait d'infuser un sang nouveau aux Basiliens. V. le texte de la Constitution dans l'*Archiv für Katholisches Kirchenrecht*, t. XLVIII (1882) p. 99 et suiv. Des missionnaires et des religieuses du rite latin ont été en certains cas autorisés pour des causes non moins graves à passer à un rite oriental.

1° Pour avoir une intelligence exacte de la première de ces dispositions, il faut savoir que le Saint-Siège est représenté en Orient par un certain nombre de délégués apostoliques, tous archevêques *in partibus* et chefs des chrétiens latins de la région. Des délégations de ce genre ont été érigées à Constantinople, en Grèce, en Égypte (celle-ci ayant aussi juridiction sur l'Arabie), en Syrie, en Perse et à Bagdad (cette dernière délégation ayant dans sa circonscription la Mésopotamie, le Kurdistan et la petite Arménie). Plusieurs de ces délégués apostoliques se trouvent les voisins des patriarches orientaux, à Constantinople (pour le patriarche arménien), en Syrie (pour les patriarches d'Antioche), à Bagdad (pour le patriarche chaldéen). Le rapprochement a créé pour les uns et les autres une situation délicate dont sont nées quelquefois des difficultés. Or une circonstance de fait semblait assurer la prééminence de fait aux délégués apostoliques sur les patriarches. En effet, quand, soit dans une cause matrimoniale, soit dans une cause ecclésiastique quelconque, il était interjeté appel au Saint-Siège d'une décision de l'un des patriarches, il arrivait que le délégué apostolique connaissait de cet appel en vertu des pouvoirs qu'il tenait directement du Saint-Siège. Ainsi les patriarches se trouvaient avoir à côté d'eux, dans la personne des chefs de la communauté latine, des censeurs tout prêts à les redresser dans l'exercice de leur autorité : ce fait pouvait être interprété comme une manifestation de la suprématie des Latins. On comprend que les patriarches se soient plaints d'un tel état de choses : aussi désormais les appels des Orientaux seront jugés non plus en Orient par les délégués apostoliques (à moins d'une commission expresse du Saint-Siège), mais à Rome par la S. Congrégation de la Propagande.

2° L'article VI de la bulle applique aux Orientaux une disposition du droit de l'Occident concernant la juridiction au for intérieur. Patriarches et évêques des rites de l'Orient peuvent se réserver l'absolution de certains cas : dans ces hypothèses, nonobstant tout privilège contraire du Saint-Siège, aucun prêtre, latin ou oriental, ne devra accorder l'absolution sans s'être muni de pouvoirs près de l'Ordinaire oriental en faveur duquel la réserve est établie. Cet article supprime un grief qui avait soulevé contre les missionnaires latins les Orientaux et surtout les Melchites.

3° L'article XIII de la bulle concerne uniquement le patriarche grec melchite, Mgr Grégoire Yussef. Le patriarche melchite qui, depuis 1838, joint à son titre celui de patriarche d'Alexandrie et de Jérusalem, avait juridiction sur tous les fidèles de son rite habitant le territoire de ces Patriarcats ; mais les Melchites, assez peu nombreux d'ailleurs, qui résident en Turquie d'Europe échappaient à son autorité. Désormais ils seront soumis à Mgr Yussef et à ses successeurs.

Second groupe de dispositions.

Le second groupe comprend les autres articles de la bulle, à savoir les numéros I à V et VII à XI. La pensée commune qui les inspire est d'assurer la stabilité des Orientaux dans leurs rites et de les protéger contre toute tentative de propagande latine. Il y avait là, en effet, un vieux grief que les Orientaux ont à bien des reprises porté au Saint-Siège. Parmi les missionnaires latins, il en est qui ne croient avoir uni à l'Église romaine que ceux qu'ils ont amenés à leur rite, si bien que les rites orientaux sont pour eux comme une hérésie. Tel devait déjà être le langage des Occidentaux trop zélés contre lesquels Innocent IV, au milieu du XIIIe siècle, prenait la défense des Grecs ; tel était sûrement le langage des théologiens à la fois orgueilleux et ignorants qui, selon Benoît XIV, s'étaient donné le grave tort de condamner tout ce qui, dans les rites orientaux, paraissait contredire le rite latin (1) et aussi des missionnaires qui appliquaient ce principe malheureux au grand mécontentement du même Pontife. C'était là une tradition fâcheuse ; malheureusement elle n'a point complètement disparu en Orient. En vain les Papes rappelaient sans cesse les règles dictées autant par la sagesse que par la justice : les intempérances de quelques missionnaires, aussi bien que certaines étroitesses dans les solutions des interprètes de la législation canonique, maintenaient chez les Orientaux le préjugé « que pour être bon catholique il faut devenir Latin ». Or c'en serait fait de toute union avec Rome, si les Orientaux pouvaient se tenir pour assurés que Rome leur imposera tôt ou tard le sacrifice de leurs traditions. Tel est le péril que Léon XIII veut conjurer par des mesures qu'il faut maintenant signaler.

1° Un Oriental uni appartient à un rite déterminé par sa naissance ou parce qu'il y a été affilié lorsqu'il est revenu du schisme ou de l'hérésie à l'Église catholique. Le premier cas n'est pas traité par la bulle *Orientalium* ; il demeure donc régi par la législation antérieure, d'après laquelle l'enfant suit le rite de ses parents et, par suite, doit être baptisé suivant ce rite. Que si, sous l'empire de la nécessité, l'enfant a reçu le baptême d'un prêtre étranger au rite de ses parents, une telle circonstance ne saurait préjudicier aux droits du rite assigné par la naissance. Le second cas, celui de la conversion, est plus délicat. Souvent en effet les Orientaux qui quittent le schisme ou l'hérésie ne peuvent se maintenir dans le rite oriental, parce que le rite uni correspondant à celui dont ils sortent n'est pas organisé dans la localité qu'ils habitent : c'est le cas de beaucoup de Grecs de la Turquie d'Europe. Souvent aussi les Orien-

---

(1) Constitution *Allatæ*, § 18 (*Bullaire de Benoît* XIV, t. IV, p. 294). — V. sur les conséquences du préjugé que le catholicisme se confond avec le rite latin, Gagarin, *La Russie sera-t-elle catholique ?* Paris, 1856, p. 18.

taux qui renoncent au schisme ou à l'hérésie ne veulent pas s'affilier au rite correspondant des Orientaux unis ; par exemple en Palestine, les convertis du schisme grec se soucient peu d'entrer dans la communauté catholique des Melchites et préfèrent aller au groupe plus influent des Latins : il n'est pas besoin de dire que les conseils des missionnaires latins ne suffisent pas toujours à les décourager de prendre ce parti. Or une fois le rite latin adopté, les convertis ne pouvaient plus l'abandonner, le Saint-Siège n'autorisant que très rarement les Latins à passer à un rite oriental. Cette double situation engendrait d'assez nombreuses latinisations définitives, les unes indépendantes de la volonté des convertis, les autres résultant de cette volonté. La bulle *Orientalium* y apporte un remède. Pour le premier cas (les convertis ne trouvent pas, au lieu de leur domicile, un curé de leur rite), ils seront soumis à l'administration des Latins à défaut de prêtres orientaux d'un rite où la consécration se fasse sous les mêmes espèces que dans le leur ; mais ils seront tenus de revenir à leur rite oriental dès que la présence d'un prêtre le leur permettra (XI et II). Pour le second cas (le choix du rite latin est une condition de l'abjuration), les convertis gardent toujours le droit de revenir au rite oriental de leur origine (XI). En somme ces deux causes de latinisation ne sont pas supprimées, mais le Saint-Siège entend qu'elles ne produisent pas un effet irrévocable.

2° Au cours de la vie, les Orientaux peuvent être sollicités de quitter leur rite par une foule de circonstances. L'expérience a prouvé que l'abandon des rites orientaux résultait le plus souvent soit de l'éducation, soit du mariage, soit de l'entrée dans un ordre religieux latin, soit du séjour en des régions où le rite n'est pas organisé, soit enfin de certaines aspirations qui sont le fruit d'une dévotion ardente. La Constitution *Orientalium* a prévu toutes ces hypothèses, qu'il nous faut après elle passer en revue.

On sait quelle est l'importance des maisons d'éducation tenues en Orient par des Ordres ou des Congrégations latines ; là se pressent des élèves de tous les rites. Or quelques religieux ont cru avoir le privilège de célébrer les offices latins pour tous leurs élèves. Une telle pratique a soulevé naturellement la défiance et le mécontentement du clergé oriental : il était en effet facile de deviner que des jeunes gens ou des jeunes filles ainsi élevés fourniraient des recrues faciles à la latinisation. Désormais les Ordres et Congrégations qui enseignent devront, pour chaque groupe d'élèves d'un certain rite, se munir, sur l'avis du patriarche, d'un aumônier de ce rite ; ils seront en outre tenus de pourvoir aux besoins religieux des externes conformément à leur rite (III et IV). Enfin il est défendu pour l'avenir d'ouvrir aucun collège ou aucune maison de religieux ou de religieuses sans le consentement du Siège apostolique : précaution évidente contre la multiplication exagérée des collèges et des couvents latins.

C'est un fait fréquent que le mariage entre personnes appartenant à des rites différents. Or, sur ce point, la législation antérieure reconnaissait un privilège notable au rite latin. Une Orientale épousait-elle un Latin, elle devenait Latine pour le rite, et elle demeurait Latine après la dissolution du mariage. Au contraire, une Latine épousait-elle un Oriental, elle n'en conservait pas moins le rite latin, à moins qu'elle n'obtînt du Saint-Siège un indult l'autorisant à changer de rite. La Constitution *Orientalium* fait disparaître ce privilège du rite latin. En tous cas, quand les époux appartiennent à des rites différents, la femme est autorisée à passer au rite du mari, soit au début, soit au cours de la vie conjugale. A la dissolution du mariage, elle est libre de reprendre son propre rite (VIII). En ce qui touche les enfants, le droit antérieur n'est pas changé : ils appartiennent régulièrement au rite du père ; mais, si le père est Oriental et la mère Latine, ils peuvent, comme autrefois, être baptisés dans le rite latin.

L'Oriental trouve encore l'occasion d'échapper à son rite en entrant dans un Ordre ou dans une Congrégation religieuse de l'Église latine. Le prêtre oriental ne peut entrer dans un Ordre latin que muni d'un indult du Saint-Siège. En revanche, les femmes de rite oriental entrent librement dans les Congrégations latines ; de même, les laïques orientaux des deux sexes s'agrègent librement aux Ordres et Congrégations où ils gardent leur qualité de laïques, quoique, tant qu'ils sont en religion, ils suivent en général le rite latin. Tel est le droit antérieur, qui n'est pas modifié. Toutefois une disposition est introduite qui assure aux Ordinaires orientaux un certain contrôle : aucun Oriental ne peut entrer dans un Ordre ou un institut religieux sans produire des lettres testimoniales de son Ordinaire (X).

Les migrations fréquentes des Orientaux ont occasionné de nombreux changements de rite. Il y est remédié par la Constitution *Orientalium*. D'une part, dans les pays d'Orient où les catholiques unis ne trouvent pas de prêtres de leur rite, ils doivent (on l'a vu plus haut) être placés sous l'administration du curé d'un autre rite qui se sert pour consacrer des mêmes espèces, la préférence étant donnée en tous cas au rite oriental. D'autre part, pour les Orientaux qui émigrent en Occident, ils se trouvent provisoirement placés sous l'administration du clergé latin ; mais aucun motif ne saurait les empêcher de rentrer sous la juridiction de leur patriarche dès qu'ils reviennent sur son territoire. Ainsi les longues émigrations n'enlèveront pas définitivement les fidèles aux rites orientaux (IX et II). Il n'est pas inutile d'ajouter que des églises orientales ont été créées en divers points importants de l'Occident : ainsi les Melchites sont organisés, à Paris, en une communauté dont le siège est l'église de Saint-Julien le Pauvre, autrefois affectée au service religieux de l'Hôtel-Dieu ; les Maronites célèbrent leur culte dans la chapelle du Luxembourg. En outre, les évêques ruthènes de Galicie se sont efforcés de pourvoir aux besoins religieux des fidèles de leur juridiction émigrés dans l'Amérique du Nord en y envoyant des prêtres de leur rite. Visiblement la législation nouvelle et l'action des patriarches orientaux s'accordent pour retenir dans le rite d'origine les voyageurs et les émigrés.

Il est arrivé parfois que le désir de recevoir souvent la communion a poussé des personnes pieuses vers le rite latin : en effet, la législation antérieure ne permettait aux fidèles de communier dans un rite autre que le leur si ce n'est en cas de nécessité, c'est-à-dire à Pâques ou à l'approche de la mort. Le droit a été modifié sur ce point par un décret de la Propagande du 18 août 1893, et plus profondément encore par la Constitution *Orientalium*. Désormais, tout fidèle peut communier dans un rite autre que le sien pour peu que l'église de son propre rite soit suffisamment éloignée de son domicile au jugement de l'Ordinaire (II). D'ailleurs, la communion même répétée dans un autre rite ne porte aucune atteinte au rite du communiant.

En résumé, la volonté du Pape est que la latinisation des Orientaux devienne un fait absolument exceptionnel, qui ne devra s'opérer que par indult du Saint-Siège. Ni l'éducation, ni l'émigration, ni les aspirations particulières de la piété n'enlèveront désormais les fidèles de leurs rites aux patriarches d'Orient : l'entrée en religion ne se fera point sans qu'ils en aient été dûment informés ; le mariage ne sera point une cause nécessaire et définitive de changement de rite.

Cet ensemble de mesures, tout entier dirigé contre l'abus des latinisations, a été complété par deux dispositions de la bulle *Orientalium*.

D'abord, Léon XIII renouvelle et aggrave les censures portées contre tout missionnaire latin qui, par ses conseils ou son aide, aura induit un Oriental à passer au rite latin. Le missionnaire coupable, non seulement sera par le fait même suspendu *à divinis*, mais encore il devra perdre sa charge. Un exemplaire de cette prescription sera affiché dans chacune des églises des Latins en Orient. Aucune sanction plus énergique ne pouvait être donnée aux décisions pontificales (I).

En second lieu, le Pape, contrairement au droit antérieur qui n'admettait pas en principe l'abandon du rite latin, déclare que tout Oriental qui aura adopté le rite latin, même en vertu d'un rescrit pontifical, pourra revenir à son rite d'origine avec l'autorisation du Saint-Siège (VII).

En somme, par la Constitution *Orientalium*, Léon XIII a repris et poussé plus avant le mouvement inauguré par ses prédécesseurs, par Benoît XIV en particulier. Il n'est point allé, comme d'aucuns le lui demandaient, jusqu'à tirer toutes les conséquences du fameux principe : l'Orient aux Orientaux. Il s'est borné à délimiter la part des missionnaires latins et à réprimer les excès de zèle de quelques-uns d'entre eux. Toutes les dispositions positives de la bulle *Orientalium* se rattachent en effet à cette double idée : Entraver la latinisation des Orientaux unis, accroître l'autorité des patriarches et autres Ordinaires orientaux.

C'est en assurant aux Églises unies une existence honorable que le Saint-Siège entend surtout provoquer les schismatiques et les hérétiques à y entrer. « Vos chefs religieux garderont leur autonomie, semble leur dire le Pape ; vos rites et votre discipline particulière, qui sont à la fois un symbole religieux et un symbole national, seront énergiquement maintenus. Vous pouvez donc venir à nous en toute sécurité : vous conserverez vos traditions nationales sous vos patriarches particuliers, en même temps que vous ferez partie intégrante de ce grand ensemble de la catholicité unie sous la houlette du Pasteur suprême ». Voilà, si je ne me trompe, le sens de l'attitude générale de l'Église romaine vis-à-vis des Orientaux, telle qu'elle se dégage nettement des derniers actes du Saint-Siège.

Il y a dans la Constitution *Orientalium* quelque chose de plus : le Pape y manifeste à nouveau sa résolution de multiplier les instituts tendant à former, dans chaque rite, des jeunes prêtres indigènes, « exclusivement destinés au service de leurs compatriotes ». Le Saint-Père s'inspire de cette idée, maintes fois émise, que les prêtres latins, à cause des préjugés qu'ils soulèvent, ne pourront jamais ramener les masses orientales à l'union (1).

C'est ainsi que le sage Pontife travaille non seulement pour le présent, mais pour l'avenir : il ne se contente pas de marquer le terrain de l'union, il en suscite les ouvriers. Si, malgré les obstacles soulevés par la politique et les passions des hommes, ce grand et noble rêve de l'union se réalise un jour, l'histoire impartiale ne manquera pas de donner à Léon XIII une place au premier rang de ceux qui l'auront voulue et préparée.

(1) La formation de ces prêtres est d'une grave importance surtout pour subvenir aux besoins religieux des Grecs unis qui viennent à Rome de l'Église grecque de Constantinople ou d'Athènes ; en effet, le clergé grec uni du rite grec pur étant très peu nombreux, les Grecs de Turquie d'Europe sont dans l'alternative ou de demeurer dans le schisme ou de se faire Latins.

(Extrait de la *Revue générale de droit international public*, 1895).

Imp. G. Saint-Aubin et Thevenot, Saint-Dizier. 15-17, passage Verdeau, Paris.

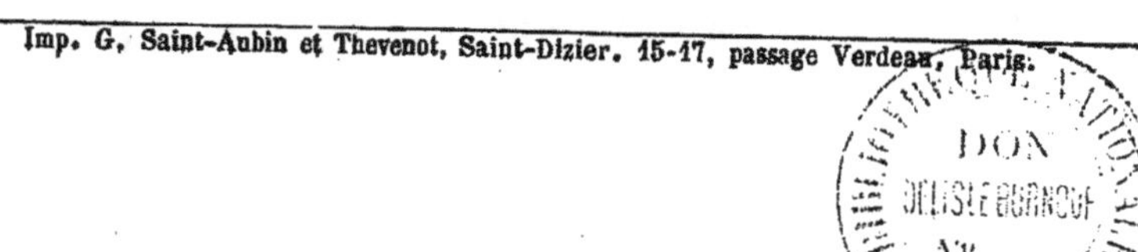

SOMMAIRE DES LIVRAISONS PUBLIÉES

1894.—I.—A. Pillet. — Le Droit international public. — Ses éléments constitutifs, son domaine, son objet.

F. de Martens. — Le tribunal d'arbitrage de Paris et la mer territoriale.

L. Renault. — Une nouvelle mission donnée aux arbitres dans les litiges internationaux.

Chronique des faits internationaux. — *Brésil* : Guerre civile ; *Chili* : Union postale ; *Espagne* : Anarchistes, entente internationale ; *Espagne* : Courrier diplomatique, immunité ; *Espagne et Maroc* : Melilla ; *France* : Juridiction pénale dans les eaux territoriales ; *France* : Etrangers, trains-ouvriers ; *France et Anjouan* : Protectorat, juridiction criminelle ; *France et Espagne* : Droit d'expulsion ; *France et Suisse* : Chemin de fer ; *Grande-Bretagne* : Souverain étranger, immunités ; *Grande-Bretagne* : Witu, Zanzibar ; *Iles Hawaï* : Annexion aux Etats-Unis ; *Italie et Suisse* : Droits de douane italiens, payement en espèces métalliques ; *Madagascar* : Protectorat, eaux territoriales, traite des esclaves ; *Pérou et Equateur* : Médiation ; *Roumanie* : Principe de non-intervention.

Livres et publications périodiques (dans toutes les livraisons). — **Documents.**

II. — E. Lehr. — De la compétence à attribuer aux agents diplomatiques ou consulaires comme officiers de l'état civil.

F. Despagnet. — Les occupations de territoires et le procédé de l'Hinterland.

P. Fauchille. — Les tribunaux mixtes d'Egypte. Leur prorogation et leurs modifications.

M. Rostworowski. — L'Union internationale pour la publication des traités.

Chronique. — *Allemagne et Grande-Bretagne* : Affaire du duc de Saxe-Cohourg-Gotha ; *Autriche-Hongrie, France et Grande-Bretagne* : Anarchistes ; *Belgique* : Arbitrage international ; *Brésil* : Guerre civile ; *Dahomey* : Fourniture d'armes, traite des noirs ; *Espagne et Maroc* : Traité de Mérakesch, zône neutre ; *France et Grande-Bretagne* : Sierra-Leone ; *France et Italie* : Aigues-Mortes ; *Honduras et Nicaragua* : Guerre ; *Ile de la Trinidad* : Affaire Harden-Hickey ; *Japon* : Mer intérieure ; *Pérou et Equateur* : Médiation.

III. — L. Michoud. — De la capacité en France des personnes morales étrangères et en particulier du Saint-Siège.

A. Desjardins. — L'Institut de droit international. Session de Paris (mars 1894).

M. Paisant. — Les relations de la France avec le Siam et le différend franco-siamois de 1893 (avec une carte).

M. Kebedgy. — Les difficultés financières de la Grèce et l'intervention des Etats étrangers.

Chronique. — *Allemagne et Russie* : Rivière servant de frontière, changement de cours ; *Brésil* : Guerre civile ; *France et Grande-Bretagne* : Expédition contre Fodi-Silah ; *Grande-Bretagne* : Duc de Saxe-Cobourg-Gotha ; *Italie et Suisse* : Droits de douane italiens, payement en espèces métalliques, arbitrage ; *Madagascar* : Consul des Etats-Unis ; *Maroc* : Sémaphore du cap Spartel, sa neutralisation ; *Mozambique* : Conflit anglo-portugais ; *Portugal* : Chemins de fer portugais ; *Serbie et Autriche-Hongrie* : Impôt de l'Obrt.

IV. — A. Méringhac. — Les pêcheries de Terre-Neuve et la jurisprudence du Conseil d'Etat français au sujet des actes du gouvernement.

T. Funck-Brentano. — La déclaration du Congrès de Paris de 1856 et son application dans les temps modernes.

E. Rouard de Card. — Un protectorat disparu : l'annexion de Tahiti et ses dépendances.

P. Fiore. — De la personnalité civile de l'Etat.

Chronique. — *Allemagne et France* : Délimitation du Cameroun et du Congo français, arrangement du 4 février 1894 (avec une carte) ; *Chine, France et Grande-Bretagne* : Haut-Mékong, convention anglo-chinoise du 11 mars 1894, zone neutre ; *Etat indépendant du Congo et Grande-Bretagne* : Traité du 12 mai 1894, ses principales clauses et son importance, objections de la France, de l'Allemagne et de la Turquie ; *Grande-Bretagne et Italie* : délimitation des sphères d'influence dans l'Afrique orientale, arrangement du 5 mai 1894 ; *Turquie* : Droits et immunités des communautés chrétiennes, conflit actuel entre la Porte et le Patriarcat œcuménique.

V. — * — Les frontières de l'Etat du Congo.

L. Aubert. — La mer territoriale de la Norwège.

E. Lehr. — De la compétence à attribuer aux agents diplomatiques ou consulaires comme officiers de l'état civil. Examen de la règle proposée en juillet 1894 par la Conférence de la Haye.

Chronique. — *Allemagne, Autriche-Hongrie, Belgique, Danemark, Espagne, Etats-Unis d'Amérique, France, Grande-Bretagne, Grèce, Italie, Pays-Bas, Perse, Portugal, Russie, Suède-Norwège et Turquie* : Conférence sanitaire de Paris ; *Allemagne et Russie* : Rapatriement des nationaux, convention du 29 janvier, 10 février 1894 ; *Belgique* : Congrès de la paix ; *Chine et Japon* : Guerre, causes, hostilités, cas du Kowshing, déclaration de guerre, situation du Japon, attitude des puissances neutres ; *Egypte* : Navire de commerce étranger dans les ports et eaux territoriales, visite de la douane ; *Etat indépendant du Congo et France* : Traité du 14 août 1894 avec cartes ; *Etats-Unis d'Amérique et Costa-Rica* : Extradition, absence de traité, affaire Weeks ; *France* : Nonce du Pape, correspondance avec le clergé national ; *France* : Terrains et immeubles autour des places de guerre, interdiction pour les étrangers de les acquérir ; *Italie et Turquie* : Agent diplomatique, nomination, absence d'agréation ; *Pays-Bas* : Conférence interparlementaire pour l'arbitrage et la paix ; *Siam* : Jugement du mandarin Phra-Yot.

VI. — A. Souchon. — La question du désarmement.

M. Morand. — Les origines de la neutralité perpétuelle.

Chronique. — Anarchistes, mouvement législatif provoqué par les récents attentats ; *Chine et Etats-Unis d'Amérique* : Immigration chinoise aux Etats-Unis, traité du 17 mars 1894 ; *Grande-Bretagne et Japon* : Traité du 16 juillet 1894, ouverture du Japon au commerce anglais, droits égaux accordés aux sujets des deux pays, suppression des privilèges de juridiction antérieurs, nouveau régime douanier, clause spéciale touchant la mise en vigueur du nouveau traité.

1895. — I. — A. Djuvara. — La lutte des nationalités. Hongrois et Roumains.

P. — Fournier. — La Constitution de Léon XIII sur les églises unies d'Orient.

J. Dubois. — La codification au Japon et la révision des traités.

Chronique. — *Cap de Bonne-Espérance* : Union postale universelle, adhésion ; *Chine et Japon* : Tentatives de négociations, mission Detring, conduite des belligérants au point de vue des règles commandées par l'humanité, situation de la Corée, réception des corps diplomatiques dans le Palais de l'Empereur de Chine, contrebande de guerre, cas du Chung-King, cas du Sidney, encore un mot sur le cas du Kowshing ; *Egypte* : Achat d'esclaves par des hauts fonctionnaires indigènes, poursuite des accusés devant un Conseil de guerre ; *France et Madagascar* : Traité du 17 décembre 1885, sa validité, ses dispositions, son application, mission de M. le Myre de Vilers, le conflit ; *Pays-Bas et Vénézuéla* : Reprise des relations diplomatiques ; *Vénézuéla* : Convention de Genève, adhésion.

Tables des matières. — Table des articles. — Table de la bibliographie. — Table des documents. — Table générale analytique.

BULLETIN DE SOUSCRIPTION

Je soussigné ____

demeurant à ____

prie M. A. PEDONE, éditeur, 13, rue Soufflot, à Paris, de m'inscrire à un abonnement d'un an à la
Revue Générale de Droit International Public *à partir de Janvier 1895, au prix de*
20 francs. *(Étranger,* **21 francs 50.***)*

Je désire en outre recevoir l'année 1894, au prix de **20 francs.**

Ci-joint la somme de ________________ *en un mandat-poste*

________________ *le* ________________ *1895.*

Original en couleur

NF Z 43-120-8